筑摩選書

山本冴里
Yamamoto Saeri

世界中で言葉のかけらを

日本語教師の旅と記憶

世界中で言葉のかけらを
日本語教師の旅と記憶
目次

世界中で言葉のかけらを

日本語教師の旅と記憶

まえがき

真昼の二時の青空に、薄く透き通った月を見た。

気持ちが弱っていたり身体の調子がよくない時、空に月を探すことが癖になっている。きっかけは二十歳になったばかりの頃だった。

三人で旅に出たのに、なりゆきから途中でひとりになった。旅に出ることにも、自分がほとんど理解できない言葉を話す人とのやりとりにも不慣れだった。一九七九年生まれの私が大学生だった当時は、インターネットなど身近ではなかったし、旅先で電話にアクセスできる場所は限られていたし、そのうえ、国際電話はとても高額だった。まれにかけても、三十秒で切れる分しか、使う余裕はなかった。それだけで、何食分かの食費になった。

そんな貴重な電話で、ふと「あ、月が見える」と言ったことがある。すると母が、窓の外に目をやったのか、「お母さんも」と答えた。そのとたんに支払い済の料金が尽きて音は途切れ、続く言葉は聞こえなかった。少したって、けれどなぜだか、電話をかける前よりも、楽になっているような気がした。そのことを思い返すうちに、気づいたのだけれど、月は、どれだけ離れた場所にいる人とも共有できる。時間軸上で離れた、もう亡くなった人たちもまた——はるか古代の恐竜たちさえも、同じものを見たはずだった。

我ながら、ずいぶんと感傷的だ、と思う。太陽でも同じことが言えるのに、太陽ならばもっとずっと輝いているのに、とも。

でも、大発見のような気がした。

あの頃から四半世紀近くが過ぎた。この間に私は、日本語教師になり、日本語教師としての経験と重ねるように、自分にとって新しい言語の学習や、自分にとって未知の言語が話されている場所への旅を続けてきた。

この本では、そんな日本語教師としての体験（第一章）や、複数言語使用への肯定（第二章）、同業者の話（第三章）、旅（第四章）、知らない場所で坐ったり食べたり、という日常（第五章）について書いている。いずれも、言葉の学習や使用をめぐる記憶でもある。興奮したことを、冷や汗をかいたことを、心を焦がしたことを書きたい。そこに私は、私には慣れない言葉を使う人たちとどんなふうに時間をすごしたのか、どんなことに感心し、絶句し、立ちどまり、また歩きだしたのかを書きたい。書くことでよみがえるから。うまくいけば、読んでくださる方にも、その瞬間を生きてもらえるから。

出版できる当てのないまま、この原稿を書きはじめたのは、二〇一三年の春先だった。途切れ途切れに、行きつ戻りつしながら書いた。脱稿は二〇二三年なので、十年かかってしまったことになる。ひと昔ぶんの時間だ。十年前のあの日、とても早起きをして書き始めたあの朝の高揚が、はっきりと記憶にある。窓には何度か大きな蜂がぶつかってきて、時々、突き刺すような鳥の声が聞こえていた。

四十代の半ばになったいまも、月を見ることは好きだ。最近とても嬉しかったのは、自宅のバルコニーで、一歳半の娘が、はじめて空にかかる月の存在に気づき、声をあげたこと。いつか私が逝った後にも、月はいつも、そこにある。

第一章

ちがう言葉でおなじ世界を夢に見る

――日本語教師としての経験から

最初の職場は、千葉県のちいさな日本語学校だった。私はまだ大学院生で、非常勤講師として学校に向かうのは、週にたったの一度きり。学生たちに対して好感を持ってはいたものの、教室に入ると身体がすくむようで、駅からの道ではいつも、「少なくとも殺されることはないんだから」「数時間後にも生きているんだから」と自分に言い聞かせながら歩いていたことを覚えている。きっと、うつむいてばかりいた。途中で抜ける公園の落ち葉も、甲羅に紐をつけられて散歩中の亀に会ったことも覚えているのに、どんなお店や遊具があったかとか、どんな人たちが歩いていたか、ということはまったく記憶にないのだから。

「少なくとも殺されることはない」などと書くと、いかにも殺伐とした雰囲気だったようで恐ろしげだが、実際には、決してそんなことはなかった。そこは理想の日本語教育について強い信念を持つ先生たちが作った学校で、創設者のおふたりは、情熱的に、献身的なまでに仕事に取り組んでいた。学生たちもまたそれぞれに不安を抱えながらも、熱心に通ってきていた。当時は私もまだ二十代前半で、自分の道を模索する日々だった。そうした日々に、異国（学生の多くにとって、日本ははじめての外国で、日本語は読めも書けもしない言語だった）に暮らす同年代の姿は、尽きない刺激になっていた。いまでも、自分が日本語教師としてのキャリアをその学校で始められたことを、幸運だったと思っている。

——けれど、それでも。

それほど恵まれた条件があってなお、日本語が通じない人々に取り囲まれ、しかも学費に見あうものを教えなければならないという経験は、当時の私にとっては決して楽なものではなかった。

説明に対して相槌がなく、眉をしかめている人もいる。ああ通じていなさそう、と焦ってさらに言葉を重ね、余計にわからなくさせてしまうことなんて、ほとんど毎回だった。質問に答えられなかったことはもちろん、そうなることが恐ろしくて、質問が出る前に早口で話を進めてしまったことさえもあった。練ったつもりの活動案が上すべりして、もう未来永劫お蔵入りにしようと決めた時も。そして明らかに力になれなかったのに、それなのに「ありがとうございました」と深々と礼をして教室を出ていく背中に、自分はただ頭を下げて、何も言えなかったことも。

日本語教師を辞めようか、と考えたことも、ないとは言えない。踏みとどまった理由は、学生たちが使う日本語そのものの魅力だった。それに、日本語教育というスキルや背景を持ったことによって、見ることを許された世界。

初めての日から二十余年。二つの国の七つの学校で働いて、私はまだこの仕事を続けている。もう教室でオタオタすることはない。けれど留学生たちの――あるいは日本語を大人になってから学び、自らのものとしつつある人たちの表現には、いまも変わらぬ魅力を感じている。

この章では、そうした印象的な表現を第1節で引く。第2節では、表面だけを見れば特別とは言えずとも、文脈のなかでは、それぞれの人生に独特なかたちで結びついていた（日本語教室での）発言を伝えたい。第3節では、日本語をまったく知らない状態で幼稚園に入ってきた、ある女の子のことを描く。

1　落ち葉を拾う

＊〈本節に太字で収録されている表現は、すべて十八歳以降に外国語・第二言語として日本語を学びはじめた人たちが発したものです。学生のものも、筆者の個人的な友人のものもあります。作文からの引用が多いですが、サイバースペースでのチャットや、発言を書きとめたものも混ざっています。名前は、本人の希望により、本名の人と仮名の人と、両方がありま す。作文やチャットからの引用での表記は原文のままです。文法的におかしい、と思われるような箇所もあるかもしれませんが、だからこそ読み手の想像・創造を誘う部分もあり、あえて修正はしていません。発言を文字に起こす際には、読みやすくなるよう適宜漢字を入れ

ています。〉

一歳児にとって、秋はそこらじゅうに宝物が落ちている季節であるらしい。「はっぱ！」と言えるようになったばかりの娘は、まだ「こいし」は発音できないけれど、葉っぱも小石も、どんぐりも大好きだ。拾っては握らせてくれるので、こちらの掌もすぐに、土や苔や石や枝でいっぱいになる。目を離すと口に入れてしまうほど、魅力的な秋の混ざりもの。

まもん（フランス語で「ママ」の意）もね、集めているものがあるんだよ、と私は言う。娘はもちろん、意に介さないで、次の葉っぱに手をのばす。私が集めているのは、ある程度大人になったあとで日本語を学びはじめた人たちが、話したり書いたりした表現だ。鮮やかな言葉遣いに出会うたびに、書きとめている。娘が落ち葉を拾うように、夏には海辺で不思議な模様の貝殻を集めていたように、私は言葉を拾う。やっぱり口にしてしまいたくなって、自分でも使ってみることがある。

ちょっと、すもいてきます。

（二〇〇五年　アレクサンドル・ルブラン　フランス・Quimper にて）

賑やかなこと、楽しいこと、華やかなことが大好きで、しょっちゅう仮装して踊り歩いていたアレックス。授業初日には、私を見るなり「ごめんなさい〜」と叫んで教室を飛び出していった。なんでも前夜のパーティーで、私を学生と勘違いしていたのだとか。

いや、でも、私の着任を迎えてくれたパーティーだったよね？　そもそもあなたパーティーを企画してくれた一人じゃなかったの？　と訊きたくなったけれど、そこはご愛敬。大きな身体を縮めて恐縮しているアレックスは、大抵つっこみ所満載で、いろいろ抜けていて、でも、日本語学習には熱心だった。そして学ぶうちに、独創的で愉快な日本語の使い手になっていった。

なかでも覚えているのがこの発言だ。伝えたいことがあったら、まずは自分で使える語彙や文法、想像力を駆使して挑戦してみることが大事。アレックスの「すもいてきます」は、ヘビースモーカーの彼の日常を知っていたその場の人間全員に、すんなりと受け入れられた。

（二〇〇八年　モハサド・ニコラ　仏・Lilleにて）

笑良

漢字圏出身の学生たちは、口本語で名前を書くときにも、しばしば漢字を使う。そうでない学生たちは、カタカナで名前を書くか、自分の好みで、ひらがなを使う人もいる。さらには、自分の名前の音に近い漢字を探そう、という冒険者も出てくる。Mayaさんが「摩耶」と書いたり、ジェイクさんが「字永駆」と書いたりと、通常は、ある程度は予想がつくものの、「笑良」は難しかった。

翌日までに百人分以上の採点を終えなければいけない、という日で、とうてい間に合いそうにはなく、焦っていた。そんな時の「笑良」。定期試験解答用紙の名前部分である。

「誰だよ……」

つぶやいて、イラっとしたりもして、それから、名簿とひとりひとり突き合わせて、やっと見つけた。ニコラさん、だ。「笑」＝「＼(^o^)／＝にこにこ」、「良」＝「ら」である。お見事、創造的だ。お咎めなしだが、対策は練らなければ。その後、私は試験のたびに、「漢字の名前も、もちろん使ってくれていいけれど、横にアルファベットやひらがな、カタカナのどれかでも、フルネームを入れておいてね」と、事前に要求するようになった。

先生、私は、にほんす人になります。

（二〇〇八年　ジェレミー・ルブランジェ　仏・Quimperにて）

アニメの『NARUTO』が大好きで、それが日本語学習に繋がっていたのが、ジェレミーさん。生活の隅々に日本語を入れていくのが上手かった。アルバイト先にホテルのフロントを選んだ理由は、暮らしていた田舎の街では、それが一番、日本語話者に会う可能性が高い場所だったから。発話モデルは繰りかえし見続けた『NARUTO』の登場人物であり、日本語を学びはじめたばかりの段階から、こちらが驚くような表現を使った（本書二章3節にも登場する）。

その彼が、はじめて日本に発つ前日に、挨拶に来て言った言葉が「にほんす人」だ。思わず笑いだしてしまい、でも、どこか言語・文化学習の本質を突かれたように感じていた。

私：おやすみ
ファブリス：うん。**ちゃんとあお向けてね**
私：何を？
ファブリス：**あなたを**

（二〇一〇年　ファブリス・ドルベ　仏・**Loctudy**にて）

「おやすみ」と言って「ちゃんとあお向けてね」と返されたのは初めてで、思わず「何を？」と問い返す。少し沈黙があった（チャットだったので文字だけれど、沈黙、と感じられた）あとで、「あなたを」と表示された。

わかった、上を向いて寝るわ――、と笑いながら、これはどういうことなんだ？　と考えていた。フランス語で同じような表現があるわけではない。だからファブリスさんの母語であるフランス語からの転移ではない。「あお向け」を学んだばかりで、使いたかったのだろうか。使える範囲と使い方を、さまざまに試行錯誤していたのだろうか。

ファブリス：**Le livre te garde éveillée** どう言えばいい？
私：本が君の眠気覚ましになったね
ファブリス：**本が君を眠気覚ました**
私：君の
ファブリス：**ううん、動詞にする**
ファブリス：**決めた**

（二〇一〇年　ファブリス・ドルベ　仏・Loctudy にて）

しかし、それにしてもこれは、ちょっと日本語母語話者（ネイティブスピーカー）には考えられないルール破りではないだろうか。やはりチャット上で、私が、本を読んでいたら目が冴えて眠れなくなった、という話をしていた時である。日本語は母語話者だけのものではなく、母語話者だけが、何が使える日本語なのかを判定できるわけでもない。「決めた」と言われてしまえばもちろん「どうぞ」と言うしかないわけで、爽快なまでの「してやられた」感がある。

私はまた、自分自身を作る圧倒的な困難を感じた。

（二〇一六年　マヤ・ベネット　山口にて）

留学開始から六か月後に、米国から来日したばかりの日々について、振り返った作文だった。留学生を迎えるために、大学側は、英語をはじめいくつかの言語で書類や説明会を準備したのだが、足りなかったらしい。「もっと英語が欲しかった」という。尋ねてみると、彼女の記憶では、英語の説明はまったくなくて、日本語のほかには、大学側は中国語でだけ情報を提供した、ということになっていた。けれど出席記録をたどれば、彼女は実際には英語で書かれた書類を受け取り、英語での説明会に出ている。また、英語か日本語かを選べる時に、あえて日本語を選んだ時さえあったのだ。

そうした選択の記憶を改変するほどに、「圧倒的」に「困難」な、はじめの数週間だったのだろう。辛かった、とても辛かった――今は、もう、だいじょうぶだけど。と、後になってマヤさんは言った。

これまでの自分の言葉が、常識が、通じない。自分を知っていて、さほど言葉を必要とせずともわかってくれるという人もいない。自分自身が粒になってほどけていきそうな不安が、「もっと英語がほしかった」という言葉に、結晶化されているような気がした。

何も考えなかった。そして来た。違う国に生活すること一度も考えなかった。それでも、意外に幸せをもらった。違う生き方、景色、食べ物、人間関係といろいろな人を見ていた。

（二〇一六年　尚逸如　山口にて）

私自身が学部生で交換留学に出発しようとするとき、指導してくださっていた文芸評論家の多岐祐介先生は、マンホールを見てこい、とおっしゃった。その意図を私は、地に足つけて人の暮らしを、新鮮なまなざしでなければ見落としてしまうものを見てこい、ということだったと解釈している。

決意をこめて留学した、という人もいれば、なんとなく始まった、という人もいる。具体的な何かを手に入れるための留学がある一方で、事前の予想や予感や期待と異なるところに、その後の自分にとって重要な何かを見出す人がいる。尚さんのこの作文のタイトルは、「自分史上最高の幸運」である。

いろいろなことをしてみました。やっと大人になってきました。

（二〇一六年　呉思諾　山口にて）

いろいろなこと、というのは、たとえば自分のごはんを作ることであったり、服を洗ったり掃除したりすること。それから、誰かと慣れない言葉で話すこと。言葉の足りなさを感じながら、気持ちを届けようと、ふんばることなのだと思う。

日本に来てはじめて、自分で自分の荷物を持ったという学生に会ったことがある（思諾さんではない）。故郷ではいつも、手伝いの人が持ってくれていたそうだ。出身は世界最貧国の一つで、そこから私費留学で来ていたほどなので、故郷ではよほど裕福だったのだろう。しかし、仕送りは期待できない状態だった。いくつものアルバイトを重ねながら、授業の時間ぎりぎりに、しかし決して遅れることなく教室に入ってきた。端正な顔になかなか表情を出さない人で、訊くと、意味もないのに表情を動かすことは愚かだ、と英語で答えた。でも、その彼が笑ったのを、見たことがある。来日して一年以上がすぎて、おなじ教室の学生と、公園でサッカーボールを蹴っていた時――あの亀の公園だった。

知らず知らずのうちに、真面目を忘れて、初心をなくした。ぜいたくで享楽的な生活に惑わせて、名利を追い求めている。欲望に目がくらんで四季の変化がはっきり知られないくらい盲目的に生きている。本当の姿はなんだろう。子供時代の私は、花が咲いた瞬間が見えて、落ち葉の音楽が聞こえて、風の手は頬を軽くなでることは気がした。

大人になっている私たちは、簡単なことを複雑化になりがちだ。他人の話を聞いて、間違いないように必ず何度も何度も繰りかえし考える。遠距離の恋人に会いたいけれども、仕事が忙しいので会えない。ＬＩＮＥで毎日連絡している先輩と付きあいたいけれども、本人の前で話せない。自分の本当の気持ちが相手に伝いたいけど、結局何も言わない。ふるさとを離れて、家族を離れて、新しい都市で、もっともらしい生活をしている。さびしく耐えがたいでも、家族に会いたいでも、戻られない。

（二〇一四年　高甜恬　山口にて）

留学生の大多数は、二十歳すぎの若者だ。留学ではじめて「ふるさとを離れて、家族を離れ」たという人も、たくさんいる。そうして大人として「もっともらしい」生活をはじめる。でも、見えないところでは、若く震える心が息づいている。「さびしく耐えがたいでも、家族に会いたいでも、戻られない」という最後の一文に、痛みをおぼえる。

五年前の自分に手紙を書くとしたら、という宿題を課した。「お父さんとまだ会えるのだからできるだけ時間を一緒に過ごして」と書いた人がいた。「お父さん」は当時すでに重い病気で、その後亡くなってしまったが、五年前には、病状は子どもたちには知らされていなかったから。「心配しないでね。次の五年で、自分のことがわかってくるから」という人。「ときどき、私は十五歳のあなたをなつかしみます。いつも真面目なあなた、好きな人がいるあなた、悲しいあなた。どうしても、諦めずに、最後までがんばってください」という人。

このテーマの作文を読むたびに思う。過去の、あるいは未来の自分は、いまの自分と連続しているけれど、少し離れた、独立した人格のように捉えられている。それでいてその人は、自分自身にもっとも近しい理解者であり、応援してくれる人なのだ、と。

ならば、他の人は？　他の誰かだったら？

誰かと出会うことは縁ですが、誰かと深く付きあうのは自分で選択するものです。一生誰かと縁深いのは不可能ですが、誰かと縁を深く繋がることが私たちしだいです。

人との出会いが持つ意味。それは留学先で、つまり自分のこれまでの人間関係や日々の習慣、言語から遠い場所に来て、学生たちが強く感じることのひとつであるようだ。「縁」は中国語では「缘分」という。私は大学生の頃、一年間を中国の杭州に暮らしたが、当時、「運命の采配による大切な偶然」といった意味で、よくこの言葉を聞いたように思う。誰にどう出会うか、ということは、自分でコントロールできないからこそ「縁」が言われる。けれど私は、楊さんの作文を読むまで、出会ったその後にまで「縁」を広げのばして考えたことはなかった。

この作文は、留学期間の終わる直前に提出されている。「誰かと縁を深く繫がることが私たちしだいです」という文に、楊さんの決意が見える。

（二〇一四年春　楊陽　山口にて）

（「ゴウマンさ」とは）**私の国のほうが素晴らしいから、あなたは私の国に来るんでしょう？という気持ちです。**

（二〇一四年春　張嘉文　山口にて）

授業が終わったあとの教室に、ひとり張さんが残っていて、なんとなく立ち去りがたい様子だった。何かがいつもとは異なっていた。授業が終わればすぐに、お腹がすいた、などと言ってさっさと出ていくことの多い人だったから。

それとなく声をかけると、ゴウマンさについて話したいです、と言う。コウマン、だったのかもしれない。どういう意味かを尋ねると、返ってきたのがこの言葉だった。ぎくっとした。アルバイト先で何かがあったのだろうか。サークルだろうか。いそがしく可能性を探りながら、でも心の奥底に確かに、見たくないものがあった。もしかしたら私が、自分自身では気づかないままに、彼がそう感じるような何かを言ったり、したりしたのでは?

というのも、その一週間ほど前だっただろうか。スリランカから来ていたご夫婦に会ったのだ。ご夫君のほうが、私がはじめて日本語学校で働いたときの生徒で、その後日本で進学し結婚し、すでにふたりの子を持つ父親になっていた。子供の教育が話題になったとき、彼は「日本の小学校は学習内容のレベルが低いから、数年後にスリランカに帰ったときに、向こうの授業についていけなくなるのではないかと心配している」と、そんなことを言った。

聞いた瞬間に違和感をおぼえ、次の瞬間、いまの違和感はどういうことなんだろう、と思う。もしもこれがスリランカではなく先進国として知られる国、たとえばスウェーデンやオランダやスイスであったのなら、私は引っかかることなく話を聞くことができたのではないだろうか。私は証拠になるようなデータを何ひとつ持たないまま、「日本の小学校のほうがスリランカの小学校よりも学習内容のレベルが高い」ことを当然視していたのではないか。もちろん、これは直接に張さんと関わる話ではない。しかしきっと、自分のなかには無意識の前提があって、それが、言葉や態度の端々に出ている――それがもしかしたら彼を、こんな発言をさせる気持ちに追いやったのではないか、とそう感じた。私か、ほかにもいる同じような誰かの言葉が、物腰が、そのきっかけになったのではないか。

私にも今、運命のような男がいます。初めて会ったのがいつなのか正確にわからず、最後に顔を見たのは一年前です。目と目をあわせていくらぐらいたくさん話をしたかは重要ではないと思います。初めてその人を会った時に目、そして体で感じられる感じが一番重要だと思います。数えきれないほど多くの約束を聞き、またしており、ふたたび約束して、そうして私は日本に来ました。そのすべての約束が守られるかどうか、私は確信することができません。

でも信じたいです。

（二〇一七年　アン・ソヨン　山口にて）

喜ぶ条件は愛だと思う。たとえば自分の子供が生まれたとか、告白成功だ。そのすべては愛の表現だ。

（二〇一四年　王義翔　山口にて）

「愛」という日本語は私にはずいぶん気恥ずかしくて、そう簡単には使えない。けれど時折、詩のように結晶した日本語学習者の言葉のなかにそれを見ることがあり、そうすると私は、竹内浩三の詩「骨のうたう」(1)の中にある「絶大な愛情のひびきをききたかった」という一文を思い出してしまう。愛。生きとし生けるものが、求めるもの。骨となった人を想うときも。

ごつく猛力

（二〇一一年　ファブリス・ドルベ　仏・Loctudy にて）

時に、日本語を学んでいる途中だ、という人たちの日本語のなかに、輝く表現の原石を見る。母語話者でこの言語に慣れて、狎れてしまった私にはできない表現で、しかも言いたいことはよくわかる。

ごつくて、猛々しい力。「猛力」は、「もうりょく」と読ませるつもりだったのだろうか。中国語では「mengli」と読み、ぐっと力を入れるさまを表すそうだが、手元の日本語辞書には見当たらなかった[2]。

言いたいことは、「がんばれ」であったらしい。

だが、そんなありきたりな表現では、気持ちを伝えがたいと考えたのだとか。辞書を引き、漢字を組みあわせ、力をふりしぼればできるという意味を込めて書いた「ごつく猛力」。メール本文にあったのは、ただこの五文字だけだった。けれどオリジナルなこの五文字は、「がんばれ」を十、二十と重ねるよりも雄弁だった。

おなかがすいた。無限な穴が、おなかにあいているみたい。

（二〇一二年　ファブリス・ドルベ　仏・Quimper にて）

エリック・カールの『はらぺこあおむし』（原題は *The Very Hungry Caterpillar*）は七十以上もの言語に訳されている絵本だ。手元に何言語版かを持っているが、中国語版の一冊は、なんとタイトルが『非常飢餓的毛毛蟲』。ほかに『好餓的毛毛虫』というバージョンも存在するものの、私の語感では切迫感においてはるかに前者がまさり、何でもいいから食べないと！　という気分におそわれる。ファブリスさんの「無限な穴」も、いかにも大げさながら言いたいことはよくわかる。ロジックとしては、酒飲みの「ザル」とおなじだ。入れても入れても、なかに溜まらない。

日本語で覚えこみたい言葉は、雨のしずくのようにあるよ。

（二〇〇九年　ファブリス・ドルベ　仏・Quimper にて）

第二言語で表現できることが増えていくという実感は嬉しいものだが、最初から何もかも言える人などいないわけで、「こんなことが言えるようになって嬉しい」と「これを言えなくて悔しい」がせめぎ合う。そのせめぎあいの場に、いまこの瞬間での力を駆使した、その人のオリジナルの表現も生まれていく。

雨の日だった。ファブリスさんは中級レベルに達したかどうか、という程度で、日本に旅行した経験もなかった。こちらをむいて、なにか日本語で言いかけて、英語になって（その話自体はどんなものだったか覚えていない）、言葉が途切れたかと思うと、また日本語で、こう続けた。「日本語で覚えこみたい言葉は、雨のしずくのようにあるよ。いっぱいある」

私は日本語の母語話者で、でも、私にはできない表現だ、と感じる。それでいて言いたいことはよくわかる。かなわないなあ、と思う。何に、何でかなわないのかよくわからないいま、「私もフランス語で覚えこみたい言葉はいっぱいあるよ」と返していた。

いただいたメールは、迷惑メールボックスに、道に迷ってしまいました。

（二〇一七年　ジャン＝フェリ・デュボア　仏・Parisにて）

じつは私はこのとき、ちょっと怒っていた。というのもこれは、一緒に仕事をしていた都合上、返信をしてくれなくては――ジャン＝フェリさんのほうで迅速に事実関係を確認してくれなければ困る事情があったから。それなのにいくら連絡を取ろうとしても梨のつぶてだったから。

怒っていたのではあるが、この言い訳に「まぁいいか」となってしまった。可愛げのある文が書けるというのは得だ。

「迷う」といえば、中国語には「迷」を使った見事な外来語訳がある。「miniskirt」は日本語では音を取って「ミニスカート」だが、表意文字である漢字だけの中国では、これをどのように表すか。「skirt」部分は「裙」。問題は「mini」で、これは「迷你」。発音は［mini］となる。「你」は「你好（にいはお）」の「你」で、すなわち「あなた」だから、「迷你」は、「ミニ」と読ませつつ、「あなたを迷わせる（惑わせる）」スカート、という意味を伝える。「ミニスカート」の意図と効果がどうあるか、という問題は別だが、名訳だ、と思う。

だって先生、このページの向こう側は夏休みですよ。

（二〇一六年　蔡雪迪　山口にて）

蔡さんにはアルバイトで書類の準備を手伝ってもらっていた。研究室で熱心にその仕上げにかかっている彼女に、がんばってるね、と声をかけたら、返ってきたのがこの言葉だった。もしかしたらこれは顰蹙ものなのかもしれないが、正直に言えば、大学生の頃と四十をとうに超えたいまの自分が、そう大きく変わったとは思えない。どこかで自分は学生たちと同じと思いたいのか思ってしまうのか、普段はとりたてて彼らを「若い」と感じることはない。それでもこの表現を聞いた時は別で、言った蔡さんの笑顔まで眩しく見えた。

一瞬であふれた記憶は、祖父母の住む古い家の軒にいくつも張りついたセミの抜け殻、抜け殻を重ねた掌のくぼみ。縁側から見ていた一本松。夏祭り。川で掬ったちいさな魚の群れ。次に学校に行かなきゃいけない時なんてはるか先で、目の前には手つかずの夏があるんだというこうれしさ。

線香花火の玉が落ちる。

想像は人間の考えという意味です。それは心のなかで、絵を描くのです。

（二〇一三年　シパシルバ・カムラ　山口にて）

ラオスからの留学生、カムラさんが書いたこの文が、この節をまとめるきっかけになった。心に描いた絵は、たとえば言葉にすることで、ほかの人と共有できるものになる。ほかの人の絵を見ることが、自分の絵を鮮やかなものにもする。『翻訳できない世界のことば』という、上質できれいなお菓子のような本があって、そこでは「モーンガータ」（水面にうつった道のように見える月明かり）とか、「キリグ」（お腹のなかに蝶が舞っている気分）とか、（あなたの中に私は私の価値を見出し、私の中にあなたはあなたの価値を見出す）という意味の「ウブントゥ」といった言葉が紹介されている。[3] 原題は『LOST IN TRANSLATION』——翻訳するなかで、零れおちてしまうもの、迷子になってしまうもの、だ。

この本はとても好きだけれど、落ち葉を拾うように、貝殻を集めるように記録してきた言葉をながめ音にしてみるとき、私がもっと意識してしまうのは「GAIN IN TRANSLATION」のほうである。その「GAIN」、得られしものは、母語で書き話す時よりも吟味された結果かもしれないし、母語では平凡ながら日本語では新鮮に感じられる言葉の結びつきかもしれない。日本語に新鮮な風が吹きこんでくる。

そして私たちは、ちがう世界を夢に見る。
ちがう言葉で、おなじ世界を夢に見る。

2　週末、何をしましたか？

日本語教師の仕事にはもちろん、ルーティン的な要素もある。名簿や小テスト準備といった作業のほかに、日々の教室でのやりとりの中にも、ルーティンは含まれてしまう。一回性の忘れられないクラスに憧れつつも、一週間に何度も行われる授業のなかで、気を抜くと教師の発言は、決まりきったものになっていく。

たとえば、初級クラスで金曜日に「週末、何をしますか」と問い、月曜日に「週末、何をしましたか」と尋ねること。そうした問いは、ほんとうに学生が何をするか何をしたのかを知りたいからというよりも、日本語で話す雰囲気を作ったり、そのやりとりに引っかけて、新しい文法を提示したりするためのものになりがちだ。

学生たちもすぐに、その会話が単なるウォーミングアップみたいなものだと理解する。そして、「友達と会いました。それから、友達と昼ごはんを食べました」などと言う。そうすればこちらも「友達と会って、昼ごはんを食べたんですね」と言い換えて授業に入っていける。「どうでしたか」と尋ねて「楽しいです」を引きだし、「楽しかったです」と言い換えて、形容詞の過去形を導入する。

そうした陳腐な、波風の立たないやりとり。新しい文法項目の導入には有効であっても、怠惰だ、と責めることもできるだろう。私自身も、誇らしく思ってはいない。

幾度も尋ねておきながら、私にとって、そうしたやりとりで交換される情報自体は、重要ではなかった。その証拠に、これまで何百も聞いたはずの「週末」情報を、基本的にはすべて忘れてしまっている。「週末」情報は、腐敗のはやい生モノみたいなもので、すぐに忘却処理済みのシールが貼られる。

例外は二度きりだ。型通りの「何をしますか／何をしましたか」に、風穴を開けた答。

一度はフランスで、ビジネススクールでの仕事の傍ら、非常勤講師として教えていた大学でのことだった。単位の出ない、自由参加のそのクラスへの登録者は十六人で、時間帯は、金曜日の夕方に設定されていた。授業のはじめに私は「週末、何をしますか」と順々に尋ねていった。最初の数人は、「浜へ行きます」とか「友達とパーティーをします」とか、そんな答を言ったのではないかと思う。やがて、中国から留学してきていた、小柄な女性の順番になった。

「週末、結婚します」

耳を疑う、とはこのことだった。私はそれが「デート」でなく「結婚」であることを、「この週末」であって「来月」や「来年」でないことを確認した。その頃にはみんなも盛りあがっていて、「誰と」とか、「どこで出会ったのか」とか、「これからどこに住むのか」など、フランス語と日本語が入り混じった状態で、矢継ぎ早に尋ねていた。

「ほんとうです」と彼女は言った。そして、足元に置いた紙バッグを、持ちあげてみせた。

「あした、これを着ます。さっき、買いました」

襟元にレースのついた、白い綿のワンピースだった。ウエディングドレスというには、あまりにも慎ましやかなそれが、小柄な彼女がいっぱいに伸ばした指先からぶらさがって揺れる。「市役所を出たところで、招待客が新郎新婦に米を投げるんだ。払いのけちゃだめだぞ。それは祝福の米なんだ」と、誰かがフランス語で言う。

「親は遠すぎて来られません」と彼女もフランス語になった。「でもだいじょうぶです、私は強いから。おととし、電車に乗っていて出会った人です。高校の数学の教師をしていて、とても優しい人」

次の週に、私たちは、彼女のために、小さなお祝いをした。「夫の家族が、こちらのほうが良いと言ったので」。結婚式の写真を見せてくれた。結局、あの白いワンピースではなく、短い綿の旗袍（チャイナドレス）で式にのぞんでいた。

もうひとつの記憶は、広島の国際プラザで働いていたときのことだ。そちらも、非常勤の仕事だった。住んでみたい、という理由だけで仕事もないまま広島に引っ越して数か月、どの月も収入より支出のほうが多かった。銀行の口座残高は減る一方だった。博士論文を書き進めながら、生活費を得るために、予備校や塾で英語や古文を、国際プラザでは日本語を教えていた。

国際プラザで担当していたのは、南米の日系社会ネットワークから、広島県が招いた若者たちの授業で、三人きりの小さなクラスだった。ブラジルから二人、ボリビアから一人。日本語は途切れ途切れにしか話せなかったが、学校だけ、教科書だけで学んでいたとしたらこのレベルでは到底出てこなかっただろう「おじちゃん」「鉈」といった、生活の語彙を使えた。それぞれ生まれた国では弁護士や会計士といった仕事を持ちながら、休暇をとった一か月間を日本で——祖父母や曽祖父母が生きた広島で過ごし、日本語を学ぼうとしていた。彼らは今後の日系ネットワークを支えていくかなめとして期待されていて、授業の合間や週末には、県庁などオフィシャルな機関の訪問をふくむ、様々なアクティビティに参加する義務を課されていた。

月曜日のクラスで、私はまた、「週末、何をしましたか」と尋ねた。滞在期間で唯一、県側が用意したアクティビティのない、自由に過ごせたはずの週末だった。「散歩しました」という答には「どこで散歩しましたか」と尋ね、「買い物しました」という答には「何を買いましたか」と訊いた。どちらの場合にも、「どうでしたか」が続き、「楽しかったです」とか「疲れました」といった返事があったと思う。三人目の女性にも、「週末、何をしましたか」と尋ねた。彼女は、電子辞書に指をはしらせ、ためらい、それから顔をあげて、ひと息に、「墓に行きました」と言った。

「だれのお墓ですか」私はその時、有名人の墓、みたいなものを想定していたのだ。気軽に訊いた。

辞書が引かれる。

「ご先祖さま」

沈黙がおりた。窓から差しこむ冬の弱い光と、うつむいた彼女の、額にかかった髪の毛のふさ。彼らがこの場所に、南米広島県人会の若手の代表として坐っていること、数世代前の肉親が日本から移民していったこと、いまは南米のそれぞれの街で、自らの生きる場所を確立していること、でも確実に、広島に繋がっていること。そのすべてが照らし出されたような、一瞬だった。誰も、何も言えなくなっていた。

しばらくして、私は、ためらいながら——でも軽い調子で、「どうでしたか」と尋ねた。それをしながら、自分のデリカシーのなさに驚き、引っ込めたいと思ったけれど、もう取り返しがつかなかった。また、長い沈黙があった。

彼女は、「わかりません」と小さく言った。「いろいろな気持ち。わかりません。スペイン語でも、言えない」

後になって、写真を見せてもらった。墓の場所は、遠い親戚が探してくれたと言っていた。それは山陽地方によくある、私自身が参り慣れたのと似た形の墓で、石には苔がむしていた。墓石は濡れ、鮮やかな色の花が供えてあった。

3　いつも、はなちゃんのせい

＊〈本節に出てくる子どもたちの名は、すべて仮名です。〉

幼稚園には、二階から外の園庭におりられる、長いすべり台があった。きっとすべったこともあったのだろうけれど、その感触は覚えていない。記憶にあるのは、すべり台の下の、ちいさな三角の場所だ。その薄暗がりには、事務机や季節外れの遊具が詰めこまれていた。けれどわずかな隙間も残っているのを、かくれんぼの途中に見つけていた。しゃがんで入ると、なかはひんやりとしている。だんご虫がゆっくりと這う。てのひらで、おやつのドロップが溶けていく。しめった土のにおいがする。私の名前を呼びながら、だれかが、外の眩しい光のなかを駆けていく。それがはじめての記憶。

その頃から時が経って、また幼稚園という場所に入ったのは、園と市と、外部団体とで行う英語イベントの打ち合わせのためだった。「ねえ、新しいせんせい?」とか、「だれのママ？」とか、すれ違う子どもたちに、訊かれる年齢になっていた。

園の先生たちと向かいあい、子ども用のちいさな椅子で、自己紹介をする。よろしくお願いします。すみません、英語教育は専門というわけではないんです。本来の専門は日本語教育です。そう言うと、うちにも「そういう子」がいます、と先生は言った。それはもう、大変で。

たずねてみると、入園式のたった一週間ほどまえに、日本語のわからない女の子を連れた夫婦が来たのだという。ここでは仮に、その子の名前を「はな」とする。「はな」は、それまで、東南アジアのA国で、A国の家族のもとで育ってきた。だが、シングルマザーだった母親が日本人男性と再婚し、二人は「はな」を連れて日本で暮らすことを決めた。幼稚園は入園をみとめ、それからすでに一か月くらい経ったが、もう毎日毎日、困ることがあって、と園長先生は言う。いわく、

一．身ぶり手ぶりで対応しているが、どのように指示を伝えたらいいのか迷う。

二．自分たちには、その子の母国での幼児教育について知識がない。絵を描くことや、はさみの使いかたなどで、他の子どもたちとの違いが見られるが、「習っていない」からなのか、「習ったけれどまだできない」からなのか、日本語での「指示がわからない」からなのか、判断しがたい。

三．他の子どもたちとの関係が、うまく作れていないように見える。

四．迎えに来る母親も日本語ができないので、「今日どんなことをした、どうだった」というやりとりができない。これでは母親も不安ではなかろうか。

五．その子は、一時、お昼ごはんが食べられなくなっていた。心配だ。


この幼稚園が、外国にルーツを持つ子どもを受け入れるのは初めてであり、近隣の関係する幼稚園にも、参照できる例はなかった。

何ができるというわけでもなかったが、私は、それからしばらくのあいだ、「はな」の幼稚園に通った。A国から来ていた留学生をアルバイトに雇い、連れていって、先生の指示をA国の言語で「はな」に伝えてもらったり、「はな」の母親と先生とのあいだで、通訳をしてもらったりした。当時、幼稚園の関係者すべてが「はな」のために心をくだき、「はな」のために時間を使い、様々な工夫をこらしていたことに、敬意を抱かずにはいられない。でも、それでも、それは「はな」にも彼女の母親にも、担当教諭にも、かなりのストレスがかかる日々だったのではないか。

たとえば「はな」は、当初、自分の名前を呼ばれても振りむきもしなかった。反抗だの敵意だのといった話ではない。それまでの人生で「はな」は、違う名で呼ばれていたからだ。

母親の再婚と、日本への引っ越しにあたって、新しい父親が「日本人になるのだから」と、日本風の通称「はな」を登録させた。だから彼女自身はまだ、「はな」という音と自分自身とを、結びつけられないでいる。文字も同じだ。「はな」のロッカーや靴ばこには、「はな」がそれを自分のものだと判別できるよう、きりんのシールが貼られていた。

通ううちに、いくつか、見えてきたことがあった。「はな」は、園庭あそびのときには、生き生きとしている。日本語の能力不足によって支障が出ることもあるが（「こっちだよ」と言ってもらっても気づかない）、状況は、おおむね見ることによって把握でき（ぐるぐる回される太い縄は、跳べばいい）、何らかのミス（順番を抜かす）をしたとしても、動きを通して修正（他の子に身体を動かされると、次は順番を守ることが）できる。

一方で、目に見える周りの状況よりも、言語への依存度が高い教室活動は、ずっと難しいようだった。たとえば、外遊びを終えて教室内に戻った子どもたちに対して、先生から「クレヨンを持って、椅子を出して、坐ってください」という指示がある。「はな」が先生に付き添ってもらって「クレヨンを持って」というところまでできたときには、他の子どもたちはとうに席についている。

全員が席についたあと、先生は「みんなおへそこっちむいてる?」と問いかける。それは「ちゃんと私のほうを見ていますか?」の意だ。ほとんどの子どもは、一斉に「はーい」と手を挙げるが、「はな」は、突っ伏してしまう。「おへそ」から始まる、先生と他の子どもたちとのやりとりの連鎖と学習に、「はな」はまったく参加できない。彼女がやりとりに加わることはない。外を見たり、廊下のほうを見たり、「いないいないバア」をするかのように、頭をふったりしている。

「はな」が教室で、遅れながらも他の子の動きを追いかけるには、一対一での助けが必要だった。折り紙でもお絵かきでも工作でも、何を描くべきなのかということや、はさみの使いかた、共有の道具の使いかた、片付けかた、そうした一つ一つを、「はな」は日本語では理解することができない。必然的に先生はしょっちゅう「はな」に付き添うことになった。

いちど、数えてみたことがある。机についてはさみや紙、クレヨンをつかう作業のとき、十五分たらずのうちに「はな」をのぞく教室の他の子どもたちは、「せんせい」と三十二回も呼んだ。でも、「はな」が休んだ日には、たった七回だった。

ふだん「せんせい」は呼ばれる前から巡回し、手助けが必要そうな子には、何らかのサポートをする。けれど「はな」がいるとき、「せんせい」の手と目は、かなりの頻度で「はな」に集中してしまう。それは、おそらく、他の子どもにとって快いものではない。なぜ「はな」が特別なのかということを、「せんせい」が大好きで、自分のことを見ていてほしい子どもたちが納得するのは難しい。子どもたちは「せんせい！」と大声で呼びかけ続ける。

「はなちゃんここにおいでよ」と誘ってくれる子がいる一方で、「はな」の近くに坐るのを好まない子どももいる。

ある日、ちいさな事件が起こった。帰り仕度をしていた「みくちゃん」が、自分のノートがかばんに入っていない、と言いだしたのだ。先生に言われて、「みくちゃん」のまわりのロッカーを使っている子どもたちが、かばんを確かめる。「りゅうだいくん」のかばんから、ノートが二冊見つかる。「りゅうだいくん」は「みくちゃん」にノートを返しながら、自分が間違えたわけじゃない、と主張した。横から他の子が、「はなちゃんじゃない？」と口をはさんだ。

「はなちゃんかも」

「ひらがなよめないし、はなちゃんがまちがえて、いれたかも」

数分後、外で幼稚園バスに乗るために列をつくる子どもたちの間で、「さっき、はなちゃんがみくちゃんのノート、りゅうだいくんのとこにいれとったんだって」と言った子がいた。私の耳は、ひゅっ、と引きつけられる。

「またはなちゃん？」

「えーまた？」

「またはなちゃんだって」

「また？」

「いつも、はなちゃんのせい」

ここのところ雨が降っていなかった。幼稚園バスは、強い日差しのなかに停まっている。エアコンがつけてあるはずだが、付き添いの先生の額には汗がひかる。その日、私は、A国からの留学生を連れてきていた。彼女は、乗車する「はな」を見送ったあと、少し泣いた。

「はなちゃんが可愛いです。見ていると時々つらいです」

この留学生は、自分がしたくてすることだから、と最後の月のアルバイト代は受け取らなかった。

「はな」は、自ら望んで日本に来たわけではない。自身の意志の結果として、圧倒的に理解不能な状況に身を置いているわけではない。幼い子は、親による人生の選択を拒めない。

「いつも、はなちゃんのせい」という非難に、「はな」は言い返せなかった。いま、「はな」は日本語では声を持たず、濡れ衣を着せられたことすら知らないまま、真面目な顔をまっすぐ前に向けている。幼稚園バスが発車する。光と陰の境目を砂が舞う。一瞬、私はあの三角形の薄暗がりに戻っている。外の光のなかを、顔の見えない誰かが走っていく。

第二章

どうかあらゆる泉に敬意を
——「ぜんぶ英語でいいじゃない」への長い反論

ずいぶんと長いあいだ、自分は新たな言語を学ぶのが苦手だと感じていた。中学校や高校の英語の授業で覚えていることといえば、ある先生が、時折ミッキーマウス柄のネクタイをしめていたことくらい。そんな私のなかで言語を学ぶことについての位置づけが切り替わったのは、大学一年生の夏、アルバイト代を貯めて一か月の予定で行った北京でのことだった。

それははじめての外国での滞在で、かつてない最悪の体調不良におそわれた時でもあった。せっかく行ったのだからと「はじめて見る料理は何でも食べる」方針で臨んだのだけれど、胃も腸も括約筋も、ラディカルかつ旺盛な北京路地裏料理のコンセプトと油についていけず、ストライキを起こしたわけだ。帰国したとき、家族には、一か月風呂に入らなかったのか？　シャワーを浴びなかったのか？　ありえないくらい臭いと罵られた。けれど私は満足していて、頭がスポンジになったみたい、と説明した。後から後から、言葉が入ってきたの。吸いこんだのよ。

数日もたてば、駆り立てられるように、次の出国を計画していた。

その頃から四半世紀近くを経て、私はいま、日本語教師として生計を立て、専門分野に近ければ時に、フランス語で通訳や翻訳を請けおう。日常的に英語も使う。中国語で留学生の相談にのる。本棚には、他にもさまざまな言語の辞書が並んでいる。見知らぬ言語を学ぶこと、そして使えるようになっていくことは、いつしか私の人生に刻みこまれ、大切な意味を持つようになっていた。いくつもの声を聴いて、いくつもの手振りを見て、いくつかの言葉が、話せるようになった。

自分にとって未知の言語に触れる、学ぶということを通して、私の生活は、日本語しか使えないと思っていた頃とはずいぶん変わった。もちろん私は、まだたくさんのことを知らない。たとえばベンガル語もパシュトー語もモホーク語もできないけれど、もし人生に十分な時間さえあれば、そうした一つ一つに取り組んでいけるだろう、いまは見えない景色が見えてくるだろう、という予感がある。

もちろん、世界の幾千もの言語を学ぶには、人生の時間は全く足らない。あと一つをある程度まで使えるようになることさえ無理かもしれない。そのことを哀しいと思い、残念に思い、でもそれと同時に、ひとりの人間にはとうてい届かない圧倒的なその大きさに、感謝したいような気持ちも、たしかに、私のなかにある。

最近、トンパ文字は、書く色によって意味が変わるということを知った。おなじく人を表す文字であっても、青で書くなら厚着をした人で、黄色はお金持ち、赤なら裸体あるいは不思議な力を持った人を意味するそうだ。(4) ヒエログリフは縦書きも横書きもでき、しかも左からも右からも記していけるが、文字のうち生物の形をしたもの(ハゲワシやふくろう、毒蛇)

の頭の向きは、読む方向によって変わる。⑤
そういうことを知っても、今すぐ何の役に立つというわけではない。
けれどそれで、私の——私たちの？——心は躍る。

コロナ禍が二年目に入ったある日、私は職場での会議で、外国に行けない今だからなおさら、言語学習は希望になるし、可能性をひらくのだから、英語以外の言語を学べるクラスも開講するべきだと主張していた。

するとある人が、からかうように、さとすように「ぼくもフランスに行ったことがあるけどさ、フランス語ってパンを買うのに要るくらいでしょ？　あとはもう全部英語でいいじゃない。今はもうどこだってそうでしょう？」とおっしゃるのだ。

けれど「パンを買うのに要る」だけで、「あとはもう全部英語でいい」というのは、いかにも乱暴だ。

だいいち、パンは、フランス語ができなくたって、買えるのだから。

新たな言語に触れ、その音で鼓膜をふるわせる。つたなくとも声にしてみようと、唇や舌を今までにない形で動かす。新たな言語とその言語を使う人たちに自らの生を繋げる。そこから得られる体験は、パンを買えるなどということではないはずだ。

この第2章では、まず、様々な言語での愛の告白表現と（第1節）、地図と簡単な荷物だけを持って進む旅について（第2節）、大学生だった頃の記憶をもとに書いていきたい。その後、自分自身も言葉を学びながら日本語を学ぶ人たちを見ている日々や（第3節＋第4節）、欲望に突き動かされる言語学習に心動かされたことも（第5節）。それから最後に、ふぞろいで、けれど豊かな複言語能力について描く（第6節）。これは、「ぜんぶ英語でいいじゃない」への、私なりの長い反論でもある。もちろん、英語が大切じゃないなんて言えないし、私だって英語の力がもっと欲しい。けれども、はじめから英語ばかりに頼っていては見えない景色がある。絶対に、たくさんある。

1　君は僕の髄液

広島の八丁堀にある入国管理局に行った。次々と呼ばれる名に、たとえばレイチ・エンドウさん、というような複合苗字が混じっている。レイチ・エンドウさんの顔は、入国管理局カウンターの反対側で働いていても、まったく違和感がないだろう。その傍らに立つのは、トキワ・オリベイラさんで、もっとずっと顔立ちが濃い。ふたりは立ったまま、賑やかに手を動かしながらしゃべっている。ストーリーは追えないけれど、時々、日本語の単語が混じっているのがわかる。広島もかつて、南米に多くの移民を送り出した街だった。

一九九〇年に入管法（出入国管理及び難民認定法）が「改正」されて、「日本人」と血縁関係を持つ日系移民の入国が容易になった。この「改正」が議論されていた当時、日本は好況で、人手不足だったからだ。他方で、「単純労働者」の滞在・労働は認めないという政府の建前は強かった。だからその対立する二つの方向性の折りあいをつけるために、新たに「定住者」というカテゴリーが作られ、日系人ならば、法に抵触しないものであるかぎりどのような仕事にも——単純労働にも、就くことができるとされた。

労働力不足と日系人受け入れを強く主張した労働省（当時）の高級官僚は、入管法「改正」の前年、「改正」案を説明する文脈で、国会で次のように発言している。

　ブラジル日系人というのは今いろいろ議論されております（「不法就労」「不法滞在」などの）外国人とはやはり全く違うわけでございまして、もとをただせば日本人という面がございます（後略。傍点引用者）[6]

こうして「日本人」としての側面が強調され、「単純労働者」ではなく、「日本人」の定着を認めるのだという建前のもと、南米から多くの日系人やその家族がやってきた。一九九〇年以降に、日系南米人の集住地域が日本各地の工業地域にできていったのは、そうした経緯による。けれども、彼らが来日する前の段階では、言葉の教育については、とくに子どもたちのための言葉の教育は、少なくとも国会の場では、まったく議論されなかった[7]。

これは知人が会った、ある女の子の話だ。この女の子はブラジル（ポルトガル）語ができたけれど、日本語は、祖母から聞き覚えたいくつかの言葉しか知らなかったという。彼女は来日して、公立の中学校に入った。学校で聞こえる言語は日本語ばかりで、それから週に何度も英語のクラスがあった。「ガイジンなのに、英語できないんだね」と言われた。彼女のブラジル（ポルトガル）語は使える場面がなく、たまに、咄嗟に口から出てきたりすると、「ヘンな言葉」と馬鹿にされた。「日本人みたいな顔なのに、日本語下手だし」と言われることもあった。幾年かが過ぎるうちに、日本語は滑らかに話せるようになったが、漢字を読むことはやはり不得手のままだったという。一方、ブラジル（ポルトガル）語はいまでも聞けばわかるが、書いたり話したりするのは苦手になってしまった。

その学校では、ほかの多くの公立中学校と同じように、国際理解のために、とか、世界中の人と話せるようになるために、と言って英語を教えていた。しかし、校内に英語を母語とする生徒は、一人もいなかった。「なんで」と一度、彼女は言った。「国際化っていうなら、わかりあうことが大事っていうなら、みんなが、ブラジル語をべんきょうしてくれたらいい。いつも英語だけ」

私は彼女の糾弾に、答えられる言葉を持たない。

人は、生まれてくるときに、親も、社会も、母語も、選べない。そして親や社会状況が平等でないように、母語の社会的資本としての価値も決して、平等ではない。彼女がたとえば英語のネイティブスピーカーで背が高く、金髪碧眼だったならば、学校での経験と抱く想いは、かなり違っていたかもしれない。

それならばこうした想いは、気持ちは、世界中が同じ言語を――英語を話すようになれば、解消されるというのだろうか。きっと違うと予想する。まずは世界中が英語を話すようになるまでの間、英語を話す人/話せない人という区別ができる。そして話す人の中でも、序列化とランキング争いが激しくなる。そのトップに来るのが、オックスフォードの英語だったり、ハリウッドの英語だったり、するのかもしれない。世界中が小刻みな目盛りのついた長い定規のうえで、少しでも上へ行こうと走る競争。そんな痩せ細った世界は嫌だ。

花の種類が幾十万もあるように、虫たちが世界中で異なる生のあり方を生みだしたように、言語にもたくさんの種類がある。世界中に最も美しい花が一種類だけあれば良いと、最も役に立つ虫が一種類だけいればよいという人がどこにいるだろう。

世界には、たがいに緩やかに繋がった、さまざまな言語があり、生まれ、死んでいきつつある。いたるところに、一つや二つの言語だけでは見えなかった可能性がある。

ひとつの例を出そう。

日本語で、ま・み・む・め・も、と声を出して言ってみてほしい。国際音声記号で記すと[ma] [mʲi] [mɯ] [me] [mo]となるその音は、ローマ字で書くと**ma mi mu me mo**だ。

つまり日本語では、[ma] [mʲi] [mɯ] [me] [mo]の音を表すために、一つ一つ独立した五種類の文字「ま・み・む・め・も」を用い、ローマ字の「**ma mi mu me mo**」では、子音の**m**をキープしたまま、母音の**aiueo**を入れ替える。

ここで、続きを読む前に[ma] [mʲi] [mɯ] [me] [mo]を示す新たな文字を考案してみてほしい。

その新たな文字は、次のルールのどちらかに、あてはまってはいないだろうか。

ひらがな式　互いに共通点がない形を用いる

ローマ字表記式　子音をキープし、母音を入れ替える

私は時折、知りあった高校生や大学生に、まみむめもを示す新たな文字を作って、と頼む。これまでに出てきた文字は、たとえばだったり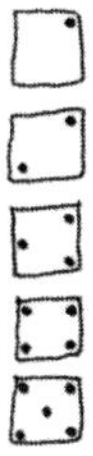だったりした。前者はひらがなと同じシステムで一音一音の表記がすべて異なり、後者はローマ字と同じタイプだ。□が**m**を表し、□のなかに書きこまれる点の位置が母音を示している。

　これまでのところ、日本の高校生・大学生に尋ねたかぎりでは、彼らは、この二タイプのいずれかにあてはまる表記しか作れていない。ところが世界には、そのいずれでもない表記ルールを持つ言語が存在する。たとえば、シンハラ語がそれだ。タミル語とともに、スリランカの公用語になっている。シンハラ語では、日本語でいえば「まみむめも」となるこの音を、次のように書く。

ම　ま[ma]

මි　み[mʲi]

මු　む[mɯ]

මෙ　め[me]

මො　も[mo]

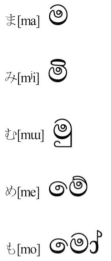

ここでは、◎[ma]の表記が基本形になり、[mji][mɯ][me][mo]は、このぐるぐるした◎の上下左右に飾りがつく形であらわされる。私はスリランカ出身の友達に文字カードを並べてもらい、それでシンハラ語を教えてもらっていたのだけれど、はじめはそのルールが、まったく理解できなかった。わかった瞬間は、ユーレカ！　だ。私の頭のなかには、それまで、そんな風にも書けるんだという知識などなかったから、推測に時間がかかった。もし、ひらがなやローマ字の表記法と類似していない表記を思いついた人がいたとしたら、その人は、これまでにシンハラ語のように、さらに異なる規則に基づいて書かれる言語を学んだことがある人かと思うが、どうだろうか(8)。

表記の例だけでない。新たな言語に、思いもつかなかった道を開かれるという衝撃は、複数の言語に関わりを持った人にはなにかしら、心あたりがあるのではないか。

二〇〇〇年代のはじめに、中国の杭州で、浙江大学の留学生寮に暮らした。北京での一か月を経て、今度は一年間の予定だった。頻繁に停電があって、そのたびに屋上だの外の草地だので、ろうそくや懐中電灯やランプをつけて、しゃべっていた。あるとき水煙草をのみまわしながら、恋の話になった。そのときのメンバーは、出身地でいうとリビアやイエメン、シリア、ネパール、という面々だった。水煙草には、煙草のほかにりんごの風味がついていたような気がする。

彼らは、中国語（標準語）に恋の表現が少ない、という話をしていた。「我爱你（愛してる）」とか「我喜欢你（君が好きだ）」とか。ろうそくが消え、「そんなんじゃ告白もできない」と、暗いなかで誰かが嘆く。

「それとも自分たちの中国語のレベルがまだ、低いだけなんだろうか？　そうした表現はこの先の高みにあるのか？」

「日本語もそんなにバラエティないよ、同じようなものだよ」と私は言った。

ろうそくに火を付けなおして、「アラビア語でなら」と一人がはじめた。私たちはみんな、彼が同じクラスの中国人の女の子に恋していることを知っていたが、だれもそのことは口にしなかった。彼はつづける。「アラビア語でなら、こんな風に言える。《君のことを考えると、僕の心は山火事になる》」

水煙草の管がまわる。受け取った者が言う。「それなら自分のところには、こういう表現がある。《君が僕を動かしている。君は僕の血だ。僕の体をめぐるのは君への想いなのだから》」

夜のなかで、地面に近い、低いところを水煙草のこぽこぽという音と煙と虫の声が這う。

同じように停電で外に出てきたほかのグループからは、歌が聞こえはじめる。

「恋する想いは体にひびく」と、髭の濃い大男が言う。「それは決まった言いまわし？」と他の誰かが問う。「いや、そうじゃない。俺がこれから言おうとしている表現も、さっきの血の表現と同じようなもの。だが、中国語がわからない。液体だ。中国語で何だ？　背骨のなかにある大切な液体を何と言う？」獣医学を専攻しているイエメンの学生が、「髄液」、と低くつぶやく。髄液、そうか。髭の濃い大男が言う。

「おまえは俺の髄液だ」

一瞬、しんとなる。「それは素敵な表現だ」と恋する一人が大真面目に言う。「それを使いたい。ああ、彼女が改宗さえしてくれるなら。《君は僕の髄液だ》と、そう言いたい」

水煙草の管がまわる。

次は私の番だ。

「それで、日本語では、どんな告白の表現があるんだ？」と訊かれる。好きだ、好きです、それ以外に――と私は考える。日本語で、「君は髄液」なんて言ったり言われたりする日は、決して来そうにない。水煙草を深く吸い、吐きだして、そのとき、頭のなかで、小さなランプがチカリと灯る。

「同じ墓に入ってくれないか」と私は言う。

皆が笑いだすなかで、「それはちょっとひどいんじゃないの」と誰かが言った。「寡婦になったら、次の男を見つけるべきだ。それを許容するのが男の度量ってもんじゃないか。それなのに、同じ墓に入ってくれだなんて」。話題はそこから他にうつって、停電もやがて終わり、みんな寮のなかに引きあげた。

それから年月を重ねて、いつか使ってやろうともくろみながら、私はいまだ「髄液」だの「山火事」だのを使った経験を（使われた経験も）持たない。でも、そこにさまざまな可能性があるのだという想いは、くっきりと残っている。

ある言語を選ぶことで他の言語を消滅させれば、ひとつの泉が涸れる。けれど泉は水をたたえていてこそ美しい。どうかあらゆる泉に敬意を――泉が涸れることのないように、さまざまな虫や植物がそのまわりで生きていくことができるように。

2　地図と鉛筆と紙があれば

これもおなじ留学生寮に住んでいたある日、寮の管理人が、「なんとかしてくれ」と呼びに来た。行ってみると、入り口で木のベンチに坐っていたのは、まだ十代に見える男の子だった。

手に水色のコクヨのノートと、もっと深く濃い青の冊子を持っていた。

「彼はリーベンレン《日本人》だ、それはわかった。でも何をしたいのか、理解できない。話を聞いてやってくれ」

おじさんはそう言うと、いつも受付に置いてあるガラスの巨大な魔法瓶から湯を注いで、お茶を淹れてくれた。

「ここは杭州でいいんですよね。よかった。まずはここまで来られた」と、男の子は言った。それはかなり奇妙な確認だった。たとえば、それは「ここは神奈川ですよね」といった質問と同じだ。訊いてみると、神戸から上海まで、船で渡ってきたのだという。上海からは自転車で南下している。もうどんな街にも辿りつけないかと思ったというその男の子は、日に焼けてこそいたが、筋肉も薄く、とてもそんな無謀な冒険に乗り出しそうには見えなかった。

「これから広州にくだって、陸路でマレーシアまで行きたいんです。ちゃんと地図も、持ってますから」

自慢げにこちらに向けた青い冊子には、見覚えがあった。ひっくり返してくれたので、表紙が見えた。地図帳だ。〈3年2組〉と、クラスと名前まで、書いてあった。かつて私も中学生の頃、同じのを配られた。開いた中国大陸のページのあちこちに、細かな書きこみがある。ええと、と一呼吸おいて確かめる。

「その地図で、ここまで来たんですか」

「はい。だってこれ、詳しくていいですよ」

私は少し黙って、それから確かめる。「その地図で、これから先の道を行くんですか」

「この地図と鉛筆と紙があれば大丈夫。ここは文字だって漢字だし」と彼は言った。何年前から彼はこの地図を見つめて、旅の構想を練っていたのだろう。それともあるとき、ふっと思いついたのだろうか。上海からの、私なら迷わず特急列車に乗ったはずの距離を、彼は時間をかけて自転車で来た。これからも自転車で行く。道を辿る手がかりは、漢字と、中学校の頃に配られた青い表紙の地図帳。私が車窓から見る風景と、ペダルを踏む速度で形づくられる彼の景観は、きっと異なる味とにおいのものになるのだろう。

外は、風が吹くし雨だって降る。ぬかるみにはまる。きっと体がかゆくなるほどの汗。無謀だと思う一方で、私のなかに、確かに、感嘆と羨ましさとがある。叫びたくなる。

日本語教師になったいまも、時々、彼のことを思い出す。大人になってから自律的に言葉を学ぶのは、きっとあの程度の地図を持って、自分の足で車輪をまわして、進んでいくことに似ている。そうして冒険が始まるのだ。歩むにつれて、見えてくる景観。地図に書きこみが増えていく。

「ひつじ雲が出てますね」

と、寮を出たところで、空を見上げて、彼は言った。

管理人のおじさんが「何だって?」と訊いたので、「他说羊云」と、そのまま中国語式に発音してみた。「那是豆腐渣云」と、おじさん。

中国語では「おから雲」っていうみたいですよ、と今度は逆方向に訳した(9)。

自分の言語学習の道を、自分で作り、自分自身を導いていく。そうした自律学習に、私は大きな価値を置く。けれど一方で、広大な大陸に何もなしで放り出されたとしたら、素人がそこで宝物にたどりつくのは難しいこともわかっている。敗北と失敗の記憶だけをかかえて、逃げ戻ってしまうことになりかねない。

だから自律学習の時にも、彼が持っていたような、あの程度の地図や、自転車程度の道具は備えておきたい。それさえあれば、後は、旅の途中で人に出会い、ものに出会えばいい。オリジナルな旅はそうして作られていくし、途中で、旅の技術にも習熟するだろう。

きちんと書かれ、やるべきことを指示してくれる教科書は、カンペキなガイドさんに一歩一歩までコントロールされたツアーみたいなものだ。私たちのほとんどは、そんな言語学習ツアーに参加した経験を持っているはずだ。でも、思い返してみてください。そんな風に縛りのかかった学びの時間は、楽しかったですか。これまで、長い時間にわたって語学の——少なくとも英語の教室に坐っていたはずだけれど、どんな思い出がありますか。それよりもツアーに任せるのはやめにして、自分でつくる旅に出ませんか。

自由な旅では、心が敏感に反応する。アルベール・カミュは旅の価値について、次のように語っている。

旅の価値はその不安にある。母国を遠く離れた瞬間……われわれは漠然たる不安と、古い習慣の庇護のもとに戻りたいという本能的な欲望にとらえられる。これが旅のきわめて明らかな恩恵である。そのような時のわれわれは熱をおびているばかりでなく多孔的になっている。だからちょっと触れられただけでわれわれは、存在の深部にいたるまで震撼させられる。(10)

自分で乗りだす言語学習もまた、不安と、熱を帯びた経験となる。人はそのとき、入試だの就職だの未来への準備のために学ぶというより、学習過程そのものを生きる。もちろん必ずしも「存在の深部にいたるまで震撼させられる」ような事態に出会えるとは、限らないけれど、でも、ツアー的学習ではそれは、はじめから期待さえできない。

3　色気あるカミュの声と、「せんせい、まっておれ！」

到着時点で知っていたフランス語は、ボンジュールとメルシーだけだった。それから、数字を一から十まで。一年か二年を暮らすはずだった。初日にスーパーマーケットでシャンプーとトイレットペーパー、ヨーグルトのような生チーズを買った。帰りがけには、本屋でアルベール・カミュ著『L'Étranger』（『異邦人』）の文庫本を手に入れた。

渡仏の理由は、ビジネススクールで日本語を教えるためで、学校関係者以外には、すぐに現地に知り合いができたわけでもなかった。毎朝十時半に授業を終えれば、あとは長い自由時間だった。時間はあったがお金はなく、友もなく、一部屋きりのアパート（ストゥディオ、と呼ばれ、フランス語ではアパルトマンとは区別されている）にはテレビもインターネットもなかった。米は一キログラムずつ買って、ペリエの深緑色のびんに入れていた。時間を持てあました。あるとき日本から会いにきてくれた友人が、街で花を買って贈ってくれた。花を包む透ける布のような紙をひろげる。うすむらさき、きいろ、ももいろ。そんな紙をちいさな裁縫セットで縫いあわせて、カーテンの代わりに窓にかけた。

数週間後、ある人が、カミュ自身が朗読する『L'Étranger』のCDを貸してくれた。それからは、その朗読ばかり聴いた。CDを聴いては本をながめ、料理や掃除をしながらまた聴いた。カミュは湿った色気のある声で、リズミカルに読んでいた。そのうちに、記憶に残る文が出てきた。日本語版とフランス語版を広げ、照らし合わせた。暇にまかせて一段落を覚え、はじめはそんなことが自分にできるとは到底思えなかったが、やがて一章分をまるごと記憶した。

« Si on va doucement, on risque une insolation. Mais si on va trop vite, on est en transpiration et dans l'église on attrape un chaud et froid. »（ゆっくり行くと、日射病にかかる恐れがあります。けれども、いそぎ過ぎると、汗をかいて、教会で寒けがします[11]）

『L'Étranger』一章の暗記で、私は、フランス語のリズムとスピードに慣れたのだと思う。この本に多くを負って、フランス語を話せるようになった。少なくとも当初の数か月間の伸びは、何よりもこの本のおかげだった。フランス語教室には通わなかった。

初学者の抱える課題の一つに、文が作れないということがある。単語なら、多少間違っていようが、辞書さえ使えば、欲しい語の近似値までは手に入れられる。だが、初学者には、その単語を使ってどのように文を組み立てたら良いかが、わからない。私だってそうだった。だからフランス語で言いたいことが出てきた時、初学者だった私は、ひたすら『L'Étranger』一章の記憶に頼った。

『L'Étranger』一章は、二十ページほどにすぎないけれど、これだけあれば、ほとんどの基本的な構文は出尽くしてしまう。そこで、何か言いたいことが出てくるたびに、相手にはちょっと待ってほしいと頼み、脳内『L'Étranger』から必要な構造を引っ張り出してきて、単語だけを入れ替えた。それでかなりの程度までサバイバルできたし、おかげで私のフランス語は、たどたどしいなかに突然こなれた語が混ざる、ユニークなものになった。そのユニークさが知人の間で話題になって、そのことで、顔を知っている人が、挨拶できる人が、そしてもう少し長い時間話せる人が多くなっていった。そうすることでまた、話す機会が増えた。

私は、自分のなかにすでにある、『異邦人』の物語内容についての知識を足がかりにして、自分のフランス語を引っぱりあげた、ということになるのだと思う。『異邦人』に頼る方法は、もし私が日本語版を愛読していなかったら、成立しなかったはずだ。自分が何を言っているのか、意味のわからないまま口に出すのは虚しいから、日本語版で得た内容についての知識がなければ、オリジナルのフランス語版は記憶するどころか一章を読み通すことにすら、挫折していたはずだ。

伝説と思われていたトロイアやミケーネの実在を信じ、発掘にこぎつけたシュリーマンは、言語学習の達人としても知られている。ドイツで育った彼は、自叙伝によれば英語学習の際にはオリヴァー・ゴールドスミスの『ウェイクフィールドの牧師』とウォルター・スコットの『アイヴァンホー』を覚えこんだそうだ。フランス語学習の際にはフランソワ・ドゥ・フェヌロンの『テレマコスの冒険』とベルナルダン・ドゥ・サン・ピエールの『ポールとヴィルジニー』を、ロシア語学習の際にはまた『テレコマスの冒険』のロシア語訳を暗記した[12]。

シュリーマンは、なぜその暗記が有効であったのかという点については、語ってはいない。しかし、私はこんなふうに解釈したい。暗記が有効だった最大の理由は、その暗記によって、「物語について自分がすでに持っている知識を、言語学習に活用できたこと」だ。シュリーマンが母語のドイツ語で『テレコマスの冒険』を読んでいたかどうかは明らかでないが、きっとそうだと私は信じる。少なくともロシア語で同書を読む前には、彼はフランス語でそれを暗記している。ということは、暗記を始める前に、シュリーマンにはすでに、何が書いてあるかということがわかっていたはずで、一文一文までは覚えていなかったかもしれないが、全体として話がどのように展開し、どこへ向かう物語なのかということは知ったうえで、読み始めている。

つまり彼は、意味を知っている。言葉は、書物という形をとって目の前にある。両者を結びつけつつ、観察と推測を繰りかえしていったのだろうと思う。そうして言語を理解しながら、脳内でいつでも参照できる、自分だけの構文バンクを手に入れたのだ。

私が日々『L'Étranger』を覚えようとしていた頃、ビジネススクールには、漫画・アニメの『NARUTO』大ファンの学生がいた。『NARUTO』の漫画やアニメは繰りかえし読んだり見たりするし、アルバイト代はフィギュアにつぎこむ、そんなファンだ。

彼は『NARUTO』のフランス語版アニメ・漫画に夢中になったのだったが、ある時「au bout（はしっこ）」まで来てしまった、と落ちこんでいた。つまりフランス語で公開されているかぎりでは最新情報にまで辿りついてしまったわけだ。続きを知りたい。でも次号の発売までにはまだ、数か月はあるだろう――仕方なく彼は、日本語に切り替えて『NARUTO』に取り組みはじめた。

意外にわかる、と彼は言った。ストーリーラインはよく知っているし、登場人物のキャラクターも熟知しているつもりだ。だから特にアニメなら、口調によって理解できることもあり、各場面で何と言っているのか、だいたい想像できる。彼はそうして、『NARUTO』にしがみついて日本語を学んでいった。私にちょっと待ってほしいというとき、それまでは英語で「*Sensei*, **please wait.**」などと言っていたのが、「せんせい、待っておれ！」とポーズを決めるようになった。

そのうちに、学校の授業のほうも進むにつれて、「待っておれ！」は「待ってください」や「待っていただけませんか」に変化していったのだが、『NARUTO』で得た知識は、さまざまに応用が利いたようである。たとえば、「て形」と呼ばれる、「て」をつける動詞の活用[13]。これは、日本語学習の最初の山だ。「見る」「寝る」「起きる」など一段活用の動詞は「る」を外して「て」をつけるだけ（「見て」「寝て」「起きて」）だが、五段活用の動詞はそうはいかない。「待つ」は「待って」でも、「読む」は「読んで」だし、「話す」は「話して」となって複雑だ。

この最初の山を彼はなんなく越えた。その他の活用に関してもほぼ間違えることがなかった。「待っておれ！」の類で学んだ『NARUTO』効果だった。『NARUTO』に頼って日本語を自分のものにしていった彼は、それから五年後には、トヨタのフランス支社で、通訳・翻訳担当として働いていた[14]。

4　積みあげれば自分の背の高さになるまで

たいていの状況は、乗りきれる自信がついてきていた。はじめは鞄に入れていた辞書も、下宿先に置いてくるようになった。自分のフランス語は「まぁまぁいける」と思っていた。フランスで生活しはじめて、三年目のことである。一、二年で戻るつもりが、もう少し腰をすえてこの国で得られるものを学びとりたいと思うようになっていた。この年からは、北の国境に近い都会に暮らした。街の名をリール（Lille）という。

「リール工業地帯」という名には、多くの人が、中学校や高校の地理の授業で、聞きおぼえがあるはずだ。近郊では、かつては石炭鉱業が、次いで繊維産業が盛んだった。郊外にはボタ山が残っていた。代々この地域に暮らしてきたという学生は、祖父も父も失業を経験している、と言った。山が閉じられてしまっては、仕事などない。安い繊維製品が、大量に他国から入ってきては、どんな工場だって生き残れない。

ヨーロッパ出張の途中に寄ってくださった師は、この街を「かつて大量の資本の蓄積があった街」と評した。重厚で美しいファサードを持つ家々、石畳の美しい道。けれど石畳の石と石との間には汚れたプラスチックや紙のゴミが散乱していたし、バス停のガラスは何週間も割れっぱなしだった。交差点のラウンドアバウトには、花はほとんど見られなかった。

五月のある日、リール近郊の街アラスへ、移民の言語習得についてのシンポジウムを聴きに行った。リールを中心に「かつて大量の資本の蓄積があった街」は、鉱業も繊維産業も失ったあとで、地の利を活かし再生しようとしているところだった。高速鉄道に乗ってしまえば、リールからパリまでは一時間、ブリュッセルまで三十分、ロンドンは一時間半である。だからこそＩＴ企業を誘致し、学校を作り、広告産業にてこを入れる。だが、それは、石炭鉱業や繊維産業ほどには人の手を必要としない分野だ。街区によっては、二十代の若年層失業率が三十パーセントを超えていた。国境が近いだけに、人々は移民の問題に敏感だった。アジアンな外見を持つ私が警察に呼び止められることは一度もなかったが、駅や広場で、浅黒い肌の、ビニールかばんを引きずった人が、身分証明書の提示を要求されている場面は幾度も見かけた。当時のリール市長は、マルティーヌ・オブリー。社会党の第一書記である。

その日のシンポジウムで行われた、ひとつの発表が、いまも私のなかに刻まれている。中東から来た、ムスリム移民である女性たちによる言語習得についてだった。発表は、なかでも十年以上リール近郊で暮らしているのに、フランス語習得がほとんど進んでいない女性たちに焦点をあわせていて、途中、彼女たちがたどたどしくフランス語で話し、そして口ごもってしまうサンプル音声が流された。そのとき、私の斜め後ろにいたふたりの大学院生らしき女の子が、ふふっと小さく笑いあったのだ。

……もしかしたら、その笑いは、まったく異なる意味を持つものだったのかもしれない。もしかしたら、ふたりはなにか壇上の発表テーマとは全然ちがうトピックをささやきあっていたのかもしれないし、恋人同士で、くすぐりっこでもしていたのかもしれない。けれども、私はそれをまごうことなき〈冷笑〉と受け取った。慣れない言語をくちびるにのせて、とつとつと話す者を小馬鹿にした笑い、というように私には聞こえた。

怒りがあった。母語にあぐらをかいて、楽々と生きる者が持つ、驕りへの怒り。自分自身への過信もあったと思う。何かコメントがしたくて、質疑の時間になると、さっと手を挙げてしまっていた。司会に指名され、マイクがまわってきた。立ち上がった。頭の中ではシミュレーションしていたはずなのに、二言三言で詰まり、自分の耳にも自分の発話が意味不明な音の連なりとなって、手が震えはじめた。私の言っていることわかりますか、とまわりの知らない人に尋ねながら、涙をふいた。鼻水まで流れはじめた。後ろのほうから、ティッシュペーパーがまわってきたから、私がどんなに感情的になっていたか、しっかりバレていたと思う。

私はそのとき、明らかに背伸びをした。背伸びをして、学術的な集まりで、マイクを手に、フランス語で大勢を前にして話すという未体験ゾーンに頭をつっこんだ。それで立ち往生したわけだけれど、そのことがきっかけになって、「まぁまぁいける」ことに安住していた自分を、思い知らされた。

帰り道は、駅まで走った。気温は五、六度しかなかったはずなのに、汗をかいていた。駅の自動販売機で炭酸飲料を買い、一気に飲んだ。そのまずいオレンジ味を覚えている。脚が震えていたことも覚えている。私は、積みあげれば自分の背の高さになるまでフランス語の書籍を読むのだと、一年以内にフランス語で学会発表するのだと、その日の曇り空に猛烈に誓いを立てた。


人は、衝撃度や緊張度が高い状態に自分を追いこむことで、ブーストする場合がある。

フランスでは、四年に一度、職人たちが参加するコンクールがある。第一回の開催は一九二四年だから、すでに百年近い伝統を持つ。さまざまな分野の職人が技を競い、数か月にも渡る幾段階もの厳しい審査を経て、それぞれの分野で数人ずつが「最高の職人」（Meilleur Ouvrier(ère)）の称号を得る。彼らは大いなる敬意を払われ、職人として働くときの服の襟や帽子にフランス国旗の青・白・赤の線を入れることが許される。なにしろこのコンクールは、大統領名で開催されるのだ。店はにぎわい、「最高の職人」が働く店、と誇らしげに看板を出す。

ある年、パン部門で十五日間の最終審査（テレビ放送された）に残り、そこで敗れた職人がこのように言っていた。

自分は後悔しているが、十五日の悔いじゃない。あえて言うなら、二十年の後悔だ。ここ二十年の間、自分はこれ（選考で求められた技術）より格段にレベルの低い仕事をして、それで満足してきたんだから。この十五日は、凝縮した、濃い体験になった。尻にケリを入れられた。進まなきゃならない。

彼は最終審査で敗れてこのコメントを残した。しかしなんといっても、全国から腕に覚えのある数百人が参加するコンクールの中で、最終審査に残ったのだから、極めて高い製パン技術を持っているのは確かだった。彼のパン作りに向けてきた修練と、私のたった数年のフランス語学習とでは、まったくレベルが違う。けれど、彼のこの「自分はこれより格段にレベルの低い仕事をして、それで満足してきた」「尻にケリを入れられた」というコメントと、私の焦りとは、おそらく、同じ性質のものだったはずだ。

5　おばあちゃんと話したいから

言語学習は何に突き動かされているのか。欲望だ、と私は思う。それはたとえば「英語がぺらぺらのかっこいい私」になりたいという自己イメージなのかもしれない。その欲望は、そのまま学習動機だ。学習の継続や言語能力の伸長のためには大切なものだけれど、そうした欲望をあまりにも直接的に表明されて、うろたえてしまったことがある。

二〇〇八年の真夏。身体中にじんわりと汗をかいていた。台北駅では〈清潔人員〉と書かれた緑のジャケットを羽織った人が、熱心にほうきを動かしていた。台北での一週間、仕事がはねれば、かねてから憧れていた北投図書館と、誠品書店に通いつめた。いずれもゆかは木張りで、フロアには段差があり、段差部分を繫ぐ数段だけの階段もいくつかあった。フロア内で上ったり下りたりする、その数段のおかげで、緩やかに繫がる部屋が連なっているような雰囲気が生まれていた。あちらこちらに、たとえば棚の中や壁に、美術作品が入っていた。

といっても誠品書店のほうは、商業ビルのなかだったので、書店のフロアまで上がるエスカレーターからは、他階の商店も目に入る。そこには上質な仕立てのスーツや時計の店があり、若い女性のためのおしゃれな服を売る店があり、輸入雑貨の店があった。若い女性のための服の店では、ショーウインドウに見つめあうアジア系女性と白人男性の写真がかかり、「セットアップご購入の方に、イタリア人男性のskypeでの連絡先進呈！」というメッセージが書かれていた。

その店に、「何語で話したらいいんだろ」「英語？　イタリア語上手になるかも。勉強しなきゃ」と話しながら入っていく女の子たちを見たのである。

言語学習・習得という要素に限って言えば、「台湾でイタリア語を学んでいる人が、実際に誰かとイタリア語で話す」というのは効果的だ。なぜなら、慣れない言語の学習とは、他者の言葉を自分の舌に乗せ、指を使ってえがき、自らを示し、他者を理解しようとすることだから。それは本質的に他者を求める行為なので、生身の人間がそこにいることの価値は大きい。(15) 他者を欲望することによってこそ、私たちは、より多く深く関わりたいと望み、自己表現の困難と、言葉を使うことを新鮮に感じる状況とを経験する。そして時には、自分が慣れきってしまった言語ではできないことができる。

だが、それでも、「イタリア人男性のskypeでの連絡先進呈！」が消費を促進する手段として働くということの直接性が、私は嫌だった。特定の誰かではなくて「イタリア人」ならいいのか。これが日本語だったら、どうだろう。「服を買ったら日本人女性のskypeアドレス進呈！」という宣伝文句が世界のどこかに存在するとしたら、私は金輪際そんなことに関わりたくない。

その一方で、できる限りの手助けをしたい、と願わずにいられない欲望もある。たとえば、かつて勤務先に来た、やはり台湾からの交換留学生だ。日本語学習の動機をたずねると、多くの学生の、アニメ・漫画・仕事のため、という答とは異なって、「おばあちゃんともっと、話したいから」と彼女は言った。台湾には、一八九五年から一九四五年にかけての日本統治時代がある。彼女のおばあちゃんは、その頃に少女期を過ごし、日本語で初等教育を受けていた。

「おばあちゃんが一番話せるのは日本語、他の言葉は、忘れてきています」と言う。「時間がないです。いつまでも長く生きること、できません」

私も、おばあちゃん子だった。おばあちゃんちの台所は、他のどこでもないおばあちゃんちの台所のにおいがしたし、おばあちゃんちの居間は、他のどこにもない、おばあちゃんちの居間のにおいがした。いまでも、もう使われていないと知りながら、かつて祖母のものだった電話番号を、鳴らそうとしてしまうことがある。０８４９ではじまる番号を、指先が覚えている。

失われゆくものをとどめようとする言語学習に、そして深い愛情で結ばれた個人に想いをむける言語学習に、惹かれずにいられない。

これは私自身が経験したことではなくて、他の日本語教師から聞いた話だ。ヨーロッパ中から日本語教師が集まったその日、街かどに音楽の流れるリュブリャナで、スロベニア産の白ワインを飲みながら、ちらりと、骨組みだけを聞いた。

「美味しいわ、この白ワイン」日本語教師仲間の話し手はグラスをかかげた。それから、ふうっと息をつき、話しはじめた。

職場にね、授業を聴講したいと、おじいさんが訪ねてきたの。理由を尋ねると「妻の言葉を理解したいから」って。その時はそれを、聞き流していたわ。「あぁ、日本人の方と国際結婚なさっているんですね」というくらいでね。でも、おじいさんがクラスに通ってくるうち、折々に話す機会もあって、奥さんはすでに亡くなっていたことを知ったの。それもおじいさんが初めて日本語クラスに来るより、何か月も前に、よ。

ふたりは長年、うちの国で、つまりおじいさんのほうの母国で、おじいさんのほうの母語を使って暮らしていたの。奥さんは、日本には数年に一度、一時帰国をするだけだった。その機会も、奥さんの両親が亡くなると減ってしまったけれど、それでも寂しそうにする様子もなかったって。

「子どもたちもここにいるもの。私はここに根を生やしたの」

けれど、やがて奥さんは、大人になってから身につけた第二言語、夫の母語を、忘れはじめたのね。そして日本語を話したがるようになった。そうね、もしかしたら、忘れたのは、夫は日本語を理解しない、ということだったのかもしれない。

はじめはね、「それ日本語だぞ」って指摘すると、笑っていたって。でもそのうちに、それがあまりに頻繁で、本人もショックなようで、そうすると指摘もしにくくなった。それでも、奥さんは一方的に話しつのるというふうではなかったから、相槌さえ打ってやれば満足していたのね。その頃は、おじいさんのほうは介護に追われて、新しい言葉を、日本語を学ぼうなんて気力は起こらなかった。

やがて奥さんは、ほとんど寝たきりになって、苦しい日々を過ごすようになってしまったの。そして言葉数自体が極端に少なくなった。花が萎れていくように、そのまま亡くなるのじゃないか、最期に苦悶することがなければもうそれでと思っていたけれど、でもね、亡くなる二日前に、意識が明晰さを取りもどしたひとときがあったんですって。瞳には意志がこもって、おじいさんをまっすぐに見つめた。長年ふたりが使ってきた言葉で、後の指示に近いことを言った。

「生きてくれるのでは、という希望を抱いてしまうほどでした」って、おじいさんは言ってたわ。

でも、そうはならなかった。奥さんの目が閉じて、何かを言った。そしてね、それが、長年ふたりで使ってきた言語ではなかったのですって。訊きかえしたけれど奥さんは眠ってしまい、そのまま意識が戻ることはなかった。だから結局、それが最期の言葉になった。

「あれは、日本語だったはず」って、おじいさんは確信していたわ。「なんとしても、あの言葉を理解しなければならんのです」

この話を聞いたときにね、すぐに、その言葉の音を繰りかえしてほしい、と頼んだの。おじいさんには、けれど、できなくて。長いためらいのあとに、やっと出てきた音は、とうてい日本語には聞こえなかった。子音がいっぱいでね。でも、それって当たり前よね。自分自身の使えない言語で言われた音を、正確に繰りかえすことは、とっても難しい。まずできない。私が悔しがっていると、でもおじいさんは、「いいんです」ってうなずいていた。

「日本語を学び続けるうちには、いつかあの音の連なりに巡りあえるでしょう。出会いさえすれば、それとわかるはずです。亡くした直後は、わかってやれなかったことが辛かった。ですがいまは、もういちど妻に会える日を、楽しみにするような気持ちでおるのです」

6　ひとつのちから

ロンドンのとある地区の小学校では、かつて移民の子どもが小さくなっていた。英語が下手だったからだ。ところが先日、こんな話を聞いた。英語しか話せない子のなかに、他の言語を学びたがる子が出始めたのだという。そうした子どもの在籍する学校には移民が多く、つまりたいていの子どもが、家と学校で異なる言語を話している。周りには二、三言語を使える子がたくさんいるのに、自分は英語しかできなくて肩身が狭い。だから他の言語も、話せるようになりたい、と主張するそうだ。

その話を聞いてからしばらくたって、私はパリ郊外の、やはり移民が多い地域の幼稚園に行った。義理の姉がそこで働いていて、授業の見学をさせてくれるという。

その日のその時間、子どもたちは「凧あげ」をしていた。幼稚園のささやかな中庭で、工作の時間に自分たちで作ったのだという小さな凧を持って、駆けまわっている。凧にはビニール製のしっぽがついていて、走る子どもたちに引っぱられ、ぴらりぱらりと音をたてた。ひとしきりして、先生が子どもたちをベンチのまわりに集め、尋ねた。

「凧があがったね。みんなが走ると、空にふわっと浮いたよね。走っているあいだ、どうして落ちなかったのかなぁ」

小さな手がいくつもあがり、みんながいろんなことを言う。その中に「風があったから」という答がある。先生は、

「風ってなあに？　どういうもの？」と問いかける。

子どもたちは互いに相談し、今度は、さっきよりもためらいがちに言う。

「空気が動くこと」

なるほど！　と先生は手を打って続けた。「空気が動く。だから風が起こるのね。じゃあもうひとつ考えてみようか。空気はどんな時に、動くんだと思う？」

やりとりは続き、私はこの問答にずいぶん感心してメモをとったのだが、やがて昼休みになって教室に引きあげる段になって、もうひとつ印象的な場面を目にすることになった。一人の凧をもう一人が引っかけて破り、けんかになったのだ。ふたりの小さな女の子が、泣きながら互いの凧を奪おうとしていた。職員室のすぐ外だったから、すぐに先生もふたり出て

きて、彼女たちを引き離し、話しかけ、抱きしめた。

その言語が、いずれもフランス語ではなかった。

泣いていた少女のうち一人は、ルーマニア移民の、もう一人はマグレブ移民の娘なのだという。「もちろん園での教育は、基本的にはすべてフランス語なんだけど」と義姉は言った。彼女自身もまた、フランスで生まれてはいるが、両親はポルトガルからの移民だった。「泣いているときは、家族とおなじ言葉で、落ち着かせたほうがいいから」

やがて少しずつ、先生たちの言葉はフランス語になっていき、少女たちは、それぞれ家族の言葉で答えていたが、最後にはうながされ、互いに、たどたどしいフランス語で仲直りをした。


互いに異なる言語で話すこと。それでも互いの意味するところを、理解しあうこと。少し古いけれど印象的な例に、一九七一年にオランダのテレビ番組で行われた、ノーム・チョムスキーとミッシェル・フーコーの対談がある。[16]「人間の性質：正義対権力（Human Nature: Justice versus Power）」と題されたこの対談では、チョムスキーは英語で、フーコーはフランス語で話し、オランダ語の字幕が入っていた。

フーコーとチョムスキーの議論のようなレベルの高い話ではないけれど、日本語教師としての仕事中にも、同種の出来事を経験することがある。特に初級クラスの休み時間などでは、学生が英語で話しかけてきて、こちらは日本語で答えるということは頻繁にある。特殊な例ではない。日常的にあり得るのだ。ベルギーの小さな町でも、こちらがフランス語で道を尋ねたり物を買ったりして、あちらはフラマン語で応答ということは普通にあった。

ひとりの人間のなかで、様々な言語の能力が、アンバランスに育っていく。そのアンバランスな能力がすべてあわさって、ひとりの人間の複言語能力を作りあげている。方言の例で考えてみればわかりやすい。「関西弁」での能力と「標準語」での能力は独立した別個ものだ、などという人はいないだろう。複言語能力は、本当はなにも特別なものじゃない。けれど、そんな複言語能力は、英語ができるバイリンガル、など高いステイタスをイメージさせる場合を別として、日常生活の場では稀にしか評価されない。それどころか、社会的に価値を置かれなかったり、否定的なイメージがかぶせられたりすると、人はその力を、包み隠すようになってしまう。

ブルガリアから日本へ来て、結婚して、暮らしている女の人と、その夫、という家庭に招かれたことがある。夫は日本人だった。ふたりは幸せそうで、生まれてくるだろう子どものことを話していて、日本語と英語が、できるようになってほしいと言った。そこにブルガリア語は含まれていなかった。訊くと、夫のほうが「そんなん全く役に立たないから」と、さっと答える。「結婚の挨拶でブルガリアに行ったけど、用意して行ったのは、こんにちは、くらいかな。それだってもう忘れたよ。そもそも覚えようなんて意志なかったし」

妻は、「あちらで暮らすことはないと思うので」とつけたして、目をそらせた。「子どもには、英語が大事です。それから、日本で暮らすのだから、日本語も。あたしも、自分のクニの言葉を使うのは、母と電話する時くらいです。近所の人は、あたしがそんな言葉をできるということも知らない」

——その悲しそうで、どこかあきらめたような口調は、まだ、私のなかから消えない。人は多く言葉に頼って他者との関係をつむぎ出し、言葉は人間の矜持に強く結びつく。人は言葉と、尊厳を持って生きるのだ。複数の言語を持っているということは、そうした過去を生きてきたということであり、それを単数に押し込めてしまえば、過去は矮小化される。

複言語能力は、多様な生のあり方を謳うその力は、私のなかにも、あなたのなかにもある。

第三章

そういえば猫さえも国がちがう——三者三様の言語教師

たとえば原子力発電所で働く技術者の方にも、宇宙飛行士にも、棋士にも探偵にもひよこ鑑定士にも、お目にかかったことはない。けれど「先生」にはそれが職業だということすら知らないころからお世話になっていたわけで、言語の「先生」に限っても、長く学校教育を受けていたあの日々に、国語や英語の先生の顔を見ない月はなかったはずである。

高校に、芥川龍之介の「羅生門」を熟読させる先生がいた。四月に学年が始まり毎週何度も国語の時間はあるのに、一カ月がすぎてまだ、最初の一行――ある日の暮れ方の事である。一人の下人が、羅生門の下で雨やみを待っていた――の検討が終わらない。いつまでやるのか、という疑問は週を経るうちに、何日たってもこの一行を考え続けることが当たり前という感覚に変わっていき、ゴールデンウイークが明けて五月半ば、ようやく二行目に入ることが宣言された日には、教室がざわめいた。十ページ程度の短編なのに、読み終えた頃には冬に入っていた。「「にきび」が何度も出てくるのはなぜか」「なぜ下人は「聖柄の太刀」を持っているのか」、ひいては「「蟋蟀」は、コオロギかキリギリスか」までを論じていく。肉眼から虫眼鏡、電子顕微鏡まで使い分けながら文章を観察していくような授業に圧倒されて、そうかこんなにも綿密な読み方があるのかと感じ入り、大学では教育学部ではなかったが国語の教員免許は取った。(17)

その一方で、杭州で交換留学生として暮らした一年間をきっかけにして、世界中のさまざまな場所で生活したい、ならばそこで食い扶持を確保できる仕事が欲しいという気持ちは強くなるばかりだった。国語教師では、それは叶わない。調べると、どうやら日本語教師という仕事が存在するらしい。国外のほうが仕事が多いという。これはラッキーだと、青年海外協力隊の「日本語教育」隊員に応募し、同時期に大学院も受験した。

大学院入試のほうが先に結果が出て、合格だった。それならば協力隊は後でもよかろう。修士課程に入学し、ふたたび学生になってはじめて、日本語教師の仕事について入試対策の付け焼刃を超えて学ぶことになった。そうなってやっと、国語教師よりも英語教師のほうが、仕事内容としては近いことを知った。在学中は知識も経験もないくせに押さえつけられると反発して、他大から出講していた先生に、「あなたがこの大学院にいることが、私は恥ずかしい」と言われたことを記憶している（これに関しては、少なくとも教室で口にする言葉としては、その先生が誤っていると、今でも思っている）。修士、博士後期課程を通して研究を指導してくださった師匠、細川英雄先生には感謝と尊敬の念ばかりだが、「ぴったりのお酒があったよ」と純米酒「なまいき」を渡されたことはあったので、自分の気づかないところで、何やらいろいろしでかしていたのかもしれない。

博士号を手にしたあとは、厚かましかろうが小賢しかろうが、正面きって叩かれることは少なくなった。教室での経験には、何度も落ち込まされたが、しかしその教室や研究会で、書籍や論文で、そして同業者の先輩や友人から学んだことが、いまの私の授業を作っている。私のことを恥ずかしいと嘆いた先生の授業も、「羅生門」への読みの姿勢も、たぶんどこかに残っている。

世界中の様々な場所を移動しながら暮らしたいという願いは、ここ十年ほどは保留状態だ。仕事で長期に滞在した外国は一か所だけで、そこで出会った人との間に子どもができた。子どもたちが幼い間は、私はたぶんこのままで動かない。時期によっては出張など立て続けに入ることがあるとはいえ、基本的にはそう移動することのない生活を送っている。

責任と荷物が圧倒的に増えた。

可処分時間は減った。

学生だった頃よりも、同業者の話を聴くのが好きになった。

この章の第1節から第3節のそれぞれで、話を聴かせてくれた人たちが教えている（いた）言語は異なっている。フランス語（第1節）、ドイツ語（第2節）、そして日本語（第3節）。日本語教師だけではなく、第二言語、外語を教える人には近しい感覚がある。たとえ他の国で成長していても、自分はきっと数学者にも宇宙飛行士にもひよこ鑑定士にもならなかった。なれなかった。けれど、他の言葉を、生業にしていたかもしれない、こんな風に生きていたかもしれないと、同業者の話を聴くたびに思う。

どこで生まれた人でも、何語を教える人であっても。それが仕事として成り立つくらいの社会的需要を持つ言語であったら、という限定はつくけれども。

1　良い風が巡っていますように

カトリーヌとは、フランスのブルターニュ地方の奥、フィニステール県で知り合った。彼女は自己紹介のときに、自分の宗教はシントーと言い、聞きかえすとそれは「神道」だった。紙に御幣《ごへい》を描き、切りとり、さっさっと振って祝詞をあげて、得意げだった。当時、五十五、六だったと思う。大柄な印象だった。寒くなりはじめた頃だったせいか、毛羽立ったカラフルなセーターをふくら雀のように着こんでいた。カールしたまっ黒な髪が長くて、にんまりとわらった。

彼女は一週間に一度、車で二時間をかけて、日本語を学ぶために私の勤務先にやってきた。それは勤務先黙認の——給与が少なくてごめんね、でもその代わりに見なかったことにするからね、という——アルバイトだったから、教室でレッスンができた。私たちは、そこで少しずついろんな話をした。学校は地方都市の端のほうで、川べりに立っていた。川べりは近くの農家が自由に使っている場所で、カーテンの外を、時折、ろばが横切って行くのが見えた。

そんな場所で日本語の授業をしていると、若い学生たちにとってはともかく、カトリーヌのような女性に、この言語が何の役に立つというのか？ という気持ちになった。ほとんどユーラシア大陸の東の果てでしか、実用性のない言語。それでも彼女はずっと通ってきた。一か月が経つごとに、小切手帳を出して青いボールペンで金額を書きこみ、ぐりぐりとサインをして渡してくれた。

その地フィニステールの語源は、ラテン語の**finis**（終わり）と**terrae**（大地）である。すなわち「地の果つるところ」という意味になる。ただしこれは西進してきた者たちの表現で、先住者のブルトン人らの言葉では、もちろん「果て」などではない。彼らの言葉ブレイス語では、その地は**Penn-ar-Bed**と呼ばれ、これは「世界の冠」といった意味だという。荒々しく美しい海と深い森の残るその場所は、妖精や魔法が登場するさまざまな神話の舞台となってきた。妖精といっても、ディズニーのティンカーベルじみた線の細いそれではなくて、清濁併せのむ、逞しく美しい存在だ。私は、カトリーヌの毛玉の浮いた派手なセーターと大ぶりな笑顔のなかに、時折、そんな妖精の面影がかすめるのを見た。

勤務先との契約期間の終わりがきて、日本に帰ろうというとき、帰国前にしばらくうちに来なさいよとカトリーヌに誘われた。「田舎の村よ。人口は二千人に満たないわ。あなたはあたしの村に来る、史上二人目の日本人になる。一人目も友達だったの。家はね、大きくて、海がすぐそこで、砂丘があるのよ」

「砂丘?」

「そう。サキュウ。砂の丘。日本にも鳥取に? それから北海道にあるはずよね」

彼女の家に向かう途中で、銀行とパン屋に立ち寄る。「これはね、娘と夫の大好物」とカトリーヌは干しぶどうの入ったパンを買う。「ふたりは嗜好がそっくりでね」

家は確かにがっしりと大きくて、道をはさんですぐそこが、遠浅の海岸だった。沖のほうでサーフィンをしている人が見えた。門を開けると数歩で家の扉、玄関で、庭は反対側ということだったが、そちらにまわりこむ道は、胸元まで雑草で覆われて、踏みこみようがなかった。玄関を入ったところで、すらりとした美しい女性の写真に驚かされる。「あたしよ、これ」とカトリーヌがにんまりする。「痩せたらこうなるの。だからダイエットしてるの」

廊下をぬけて、居間に入る。居間の壁はクリーム色だったが、一面だけは紫に塗られていた。そんじょそこらの紫ではない。ショッキング紫とでも言えそうな、強烈な色だ。階段をのぼって書斎、暗室、もう一つの書斎、寝室がいくつか。下で、外から誰かが帰ってきた音がする。「娘よ」と紹介されたのは目鼻立ちのくっきりとした黒い肌の女の子で、ドラムがどうの、と言っている。「どんな音楽が好き？」と質問してきて、でもその途端に彼女の携帯電話が鳴りだした。駆けだして、行ってしまった。

荷物を置いてから、砂丘を散歩した。丈の短い、ぱさぱさした草がところどころにかたまって生えていた。何か話をしなければならない、と思う。そのとき、「家はどうだった？」と訊かれた。しばらく考えて、「壁の色にびっくりした」と答える。「あれはねえ」とカトリーヌは言う。そしてすごく幸せそうに笑う。

「あたしはね」とカトリーヌが話し始める。「かつてはあなたと、同業者だったのよ。言語教師」

それから聞いた話によれば、彼女は大学を卒業してからイタリアのシチリア島とギリシャとキプロスでフランス語を教え、そこからインドで数年「ぶらぶらして」からメキシコに行ったのだという。日本では、七〇年代のはじめに、「瀬戸内海の小さな島」に数か月滞在をして、神道が大好きになった。

「四十を過ぎて、祖母の病をきっかけにフランスに戻って、パリに住んで写真を学んだの。

両親とはカンペール（Quimper：フィニステールの中心地）で暮らしていたのだけれど、早くに亡くしてね。兄ふたりはいまもカンペールにいるわ。市場から一本入ったところにある画商と古物商よ。で、おばあちゃんが田舎の大きな家で暮らしていたわけ」と彼女は言う。

「おばあちゃんが亡くなって、兄たちは家を売ろうとした。こんな辺鄙なところだからね、維持が大変だし、誰も住まないし。でもあたしの小さい頃の良い思い出は、たいていこっちにあったから——決めたのよ、戻ろうって。そりゃあ迷ったわよ。パリは好きだったし、家は当時、壁のペンキだって剝がれて落ちてきていたしね。兄たちは反対していたし。

でも決めて、パリのアパルトマンは引き払った。まあ最初は惨めなもんだったわね。五十近くにもなって、暖房もなくて、家はぼろぼろで。それでも数年たって、一応は住める感じになって、子どもが欲しくなったの。年齢的に産むのはもう無理だったから、養子をとろうとした。けどね、一人身には大変だったわよ。いろんな審査があってね、定職がなきゃいけないっていうしね。それで民宿をはじめたの。あそこで」

「え？　家で？」

「そう、家で。民宿っていっても、ベッドと朝食だけで、夕食はなし。B&Bってあるじゃない？　あれよ。それから幾度かマダガスカルとフランスを往復して、何度もあの子に会って、ようやく引きとれることになって、B&Bはやめたの。やめてよかったわ、掃除は大嫌いだし、まあいろいろと難しいこともあったし。あの子はいま十四よ。引き取ったときは九歳だった。養子って赤ちゃんが多いんだけれど、こっちは年が年だからね。成人するまで責任もって見るにはある程度育った子のほうが良いと思った」

私は想像しようとして、でも引き取ったときにその年では、かえって大変なこともあったのでは、と尋ねてみる。

「そうね、あなたの言う通りよ。九歳っていうのはね、もうしっかりと自我があるし、誰が自分の本当の両親かということもわかっている。最初はフランス語もできなかった。できるようになってもなかなかね。あんたなんかあたしの母親じゃないとか、あたしの母さんはあんたみたいなでぶじゃないとか、もっとずっと綺麗だとか言われ続けてね[18]。

あの子も大変だったはずよ。こんなに小さくて保守的な村で住民登録した、はじめての黒人だもの。みんなが噂してたわ。だけどね、彼女あるとき、明け方に私のベッドルームに来たの。くっきりとした、とてもリアルな夢を見た、って。夢のなかで、知らない年取った女の人に会ったと言うのよ。その人は年を取っていたけれどとても元気で、嬉しそうで、頭を撫でてくれた。ぎゅうっと抱きしめてくれた。はしごにのぼって居間の壁を紫に塗っていた、って。

あたしは信じたわ。その人の目やまゆの様子やなんかを訊いて、確信したのよ。あの子が会ったのは、あたしのおばあちゃんだった、って。あれは嬉しかったわね。あの家に戻ったこと、あの子を養子にしたこと。全部が認められたような気がしたの。起きてあの子と一緒にペンキを買いにいって、その日のうちに、壁を塗ったのよ。

だからといって、それからすべてがうまくいったというわけじゃあもちろんなかったけれど、だんだんと落ち着きだしたわ。二年くらいたって写真の修行が再開できるようになった頃、パリでのワークショップで会った男が追いかけてきて、結婚したの。彼とはそれまでドイツ語で話すことが多かったけれど——ああ、夫はドイツ人なの——娘のためにフランス語で話すことを条件にした。いまでは、彼のフランス語のほうがこっちのドイツ語より上手くなっちゃったわね。娘とは気が合うようで、あの子、あたしに言いにくい相談なんかもしているみたい。で、家のなかに人が増えて、安定しはじめて、写真も日本語の勉強も、再開できたの。数年かかったわ」

「あの、ちょっと訊きにくいけど、いま、仕事は？　B&Bもやめちゃったんでしょう？　この村のサイズじゃ言語教師の仕事だって、そうはないだろうし」

カトリーヌは、いつものように、にんまりと笑う。「ありがたいことにね、遺産があるのよ。あと数年は持つわよ。なくなったら写真集でも出すんだから、大丈夫よ」

しばらく、黙ったまま砂丘の道を歩いた。砂丘といっても、砂のなかに礫のような小石も混じり、乾いた感じの固い草がところどころに生えている。さっきまで楽しんでいたはずのサーファーたちは見えなくなって、ずっと沖では競技用ヨットの帆が上下している。沖の強い風は、けれど、この浜までは届かない。

「あの草を知ってる?」カトリーヌが道端のエニシダを指して言う。「あの草の名はバレ。フランス語でほうきを、バレって言うでしょう。ブレイス語からフランス語に入った言葉よ[19]。この地方では昔は、あれをまとめて逆さにして、掃除に使っていたの」

「そういえばカトリーヌは、ブルトン人なの?」

「父方のおじいちゃんだけね」と彼女は答える。「両親はブレイス語もほとんど使えなかった。でもあたしはいま、ここに住んでるんだもの。機会を見ては学ぶようにしてる。たとえばね、さっき来るときに寄った銀行は、バンク・ブルターニュだったでしょう。現金の出し入れにはいつも、あそこのATMを使うの。あの銀行だけは、ATMのインターフェイスにブレイス語も選べるからよ。ブレイス語には、フランス語にはないコンセプトがあって、興味が尽きない。ブレイス語ではね、巡るという概念を大切にするの。

たとえば、フランス語なら「ちょっとじゃがいも畑を見てくるよ」というところを、ブレイス語では「ひとめぐりしてくるよ」と言う。「あなたの周りに、良い風が巡っていますように」という挨拶もある。フェスノーズでは……あぁ、盆踊りみたいな、伝統的なダンス・

パーティーよ。フェスノーズでは、小指だけを繋いで、みんながぐるぐるとまわる。お互いのあいだを巡る。明日の夜に行ってみましょうね。近くの村で、催しがあるはずだから。

あたしは、そういうコンセプトに惹かれるわ。日本にも、いろいろと興味深いコンセプトがあるじゃない？　人間を祀って、神社を作ることとか、先祖がお盆に帰ってくることとか。数十年前に暮らしたあの瀬戸内の島に、来年には娘も連れていきたいと思ってるのよ」

ふたりで、その日、浜の牡蠣小屋で牡蠣を買った。浜に打ち上げられていた海藻から、きれいなものを選んで拾った。台所でカトリーヌは大皿を出して、洗った海藻をしきつめる。私は牡蠣の殻をあけ、海藻のうえにぐるりと並べる。レモンが添えられる。それからバター、パン、ワインが並ぶ。

そこに、夫なる男性が帰ってきた。私に挨拶し、カトリーヌと唇をあわせる。カトリーヌよりもいくつか年上なのだろう。髪にだいぶん白いものが混じっている。夫婦だから彼らがそれをするのは当たり前なのに、私は他人の、唇をあわせたキスを見るのにいまだに慣れない。うつむくと、足元に白い猫が来ているのに気づく。カトリーヌは牡蠣を置いて、冷蔵庫を開ける。

「じゃあ、出身の国は家族三人みなちがうんだね」

ふと思いついて言ってみる。冷蔵庫を閉めて、カトリーヌは、猫に魚の切れ端のようなものを放る。

「ああ、そうね。そういえば猫さえも国がちがう」平然として言った。「その子、スウェーデンから来てるから」そしてにんまりする。逞しく美しい、妖精の面影がかすめていく。

2 私はワイマールに生まれました

買ったばかりの電気やかんで、できるだけ丁寧にコーヒーを淹れた。ソファに坐った同僚の前に置く。同僚といっても、相手はずいぶん先輩だ。大学で、ドイツ語を教えておられた。立ち話の彼女の言語学習経験に惹きこまれて、だから改めて話を聞かせてください、と頼んだのだ。

「ミルクはありますか?」

私はあわてて、置いていないことを詫びる。お茶うけに、と出してみたクッキーに、丁寧にお礼を言ってくれる。一枚つまみ口に入れ、もう一枚を手にとり、眺める。皿にもどして、話しはじめる。

「私はワイマール(Weimar)に生まれました。東ドイツですね。戦争の後、アメリカ人がワイマールに駐留していましたが、すぐに西へ行きました。家族と使っていた言語は、ドイツ語です。父方の親族は、バラヴィアン語を話していました。これは南ドイツの方言です。知っていますか？　中世の特徴を残した言語なんです。

義務教育で用いられていた言語も、ドイツ語でした。英語とロシア語も学びましたが、英語なら、たとえば Listen. とか Be quiet. Read, please. そんなシンプルな教室用語を聞くばかりで、意味の説明はドイツ語で行われていました。英語の授業を、ドイツ語で受けていました。ロシア語クラスも同じです。ロシア語を学ぶクラスでも、説明はほとんどドイツ語でした。

ロシア語を習いはじめたのは十一歳からです。だいたいどの学校でもそれは同じで、ロシア語が十一歳から、英語が十三歳からと定められていました。特殊な学校もあって、そこでは九歳からでした。いとこはその特殊な学校に行ったので九歳からロシア語を学んでいましたけれど、私は普通の学校だったので、十一歳から始めました」

――十一歳からロシア語、十三歳から英語というのは、義務でしたか。それとも、選択制だったんですか。

「英語は選択制だったと思います。ロシア語は義務でした。大学でも私は、三年間ロシア語を学びました。全部で十二年間も学んだことになります。何年か前に、この（いま働いている）街でロシア人に会ったことがあります。その人は医者を探していて、私たちはロシア語と英語とを混ぜて話しました。私は、ロシア語で、そうキリル文字を書いて、病院の場所を説明しようとしたんです。

フランス語も学びました。フランス語は、当時の私の夢でした。フランス語を学ぶことは……でも、それは無理だったんです。どう言えばいいのか……」

彼女の声がふるえる。ヒーターからの風が強く当たり過ぎているせいだ、と私は言い、ヒーターの向きを変える。

「私はひとりで、学びはじめました。祖父がフランス語学習のためのテレビ番組の本を贈ってくれましたので、その本を使って。でも、私たちの家のあった地域では、放送を受信することができませんでした。見たかったその番組はシュトゥットガルト（Stuttgart）から電波にのっていたのですが、私たちの地域で受信できたのは、フランクフルト（Frankfurt）か、エッセン（Essen）からの電波だけでした。

それで私は、とてもたくさんのことを、間違ったまま記憶してしまったんです（と言って、彼女は笑った）。当時はCDもなかったし、テレビ番組は見られなかったから。

高校でもシステム上は、フランス語を学べるはずでした。でも、それは実際には、私の参加できない、他のクラスでのことでした。フランス語を学べるのは数学科の学生だけで、言語を専攻した私たちには、その権利はありませんでした。笑ってしまう話ですよね。本当に変なシステム。私たち言語系の学生が学べたのは、英語とラテン語でした。私は数学が全然だめで、数学の専門は選べなかった。だからフランス語も高校では学べなかったんです。

言語を専門にした学生は、ラテン語のように、フランス語よりもっと難しい言語を学ぶのが当然だと考えられていました。でもね、数学科の学生たちは、うまくフランス語を学んでいくことなんてできなかった。興味の在りかがちがうんですから」

——その後はどうやって、フランス語が使えるようになったんですか（このインタビューはフランス語で行っていた）。

「大学で学びました。フランス語とスウェーデン語を、どちらも第二外国語扱いにしたんです。その後、博士論文の準備中にはずいぶん時間ができたので、市民会館でフランス語を学びました。スウェーデン語も続けたかったんですが、フランス語と時間帯が重なっていたので、あきらめました。

その頃には、でも、ノルウェー語とデンマーク語も、理解できるようになっていました。発信は無理だったけれど、理解はどうにか。それで、あるデンマークの機関のために、よくデンマーク語からドイツ語への翻訳をしました。スウェーデン語もあわせて、こうしたスカンディナビアの言語は、お互いによく似ているんです。

私はドイツ語学科でしたが、スウェーデン語やオランダ語学科も同じ学部に入っていました。ひとりとても面白い先生がいて、彼はスカンディナビアのすべての言葉とアイルランド語ができたんです。ああ、それから確かオランダ語も。彼はね、私の友達に、結婚相手を見つけてくれたんですよ（笑）。最初は単に、オランダ語での文通相手として紹介したそうなんですが、友達は意気投合しちゃって、何年か後に結ばれました」

——いままで挙がったのは全部、ヨーロッパの言語ですよね。日本語はどうやって？

「日本語も市民会館で学ぶことができました。いま振り返ってみればこれは興味深いエピソードですけれど、そこにシュタージが来たんです」

——シュタージ？

「秘密警察（Stasi）です。[20] 秘密警察が市民会館に来て、教師に日本語を学ぶメンバーのリストを提出させ、それぞれの目的は何なのかを訊きだそうとしました。でも、先生は何も言わなかったそうです。翌日、その先生が私たちに告げたのは、『私は、あなたたちがどうして日本語を学んでいるのか知らないし、これからも決して訊きません。それはあなた方のプライバシーであり、尋ねるつもりはありません』という言葉でした」

――秘密警察が尋ねたのは、日本語学習者についてだけですか？　それともフランス語やスウェーデン語の担当教師も、同じことを訊かれたのでしょうか。

「それはわかりません」

――市民会館では、フランス語と日本語を学ばれていたわけですよね。はじめに日本語にご関心を持たれたのは、どうしてですか。

「それは……それは……（しばらく沈黙がはさまる。そして彼女は、顔中の筋肉をゆるめたようにして笑う）愛のためです」

――愛？

「それで日本語をはじめたんです」

――誰か特定の人への愛？　それとも言葉への愛でしょうか。

「両方です。はい」

――日本語のできる人に会って、その人に興味を持って、それで日本語にもご関心を？

「そう。日本語はそれまでに学んだ言語とは全く違っていました。けれど彼が漢字についてたくさん話してくれたんです。たくさんの漢字、たくさんの言葉。それで、学びたくなって。

大学三年生の時には、少しだけですが、ポーランド語も学ぼうとしました。というのも、ドイツ語の特別クラスのためにポーランドに行くことになっていたからです。ドイツやオーストリアに来て学ぶほどの出費はできない学生たちのために、こちらが行って、四週間のドイツ語のサマーコースを開くのです。それは大学三年生のコースの一環として企画されたものので、私たちはクラクフ（Kraków）に行くつもりでした。けれどその年、ソリダーノッシュ（Solidarność）のために、クラクフに入ることは困難でした。ソリダーノッシュは、東ドイツ人に来てほしくなかったんです」

――ごめんなさい。ソリダーノッシュというのは？

「ポーランドの社会運動です[21]。それは、労働者と、それからあらゆるポーランド人の生活環境の改善を目的としていました。彼らはポーランドと、それだけでなく東ヨーロッパ全体の政治的状況に満足していなかったので、東ドイツの人間には来てほしくなかったんです。私たちはそれでもクラクフを訪れるつもりで、たくさんの準備をしました。この街の地理や経済や、歴史についての講義も聴きました。それに、ポーランド語も学びはじめていました。けれど結局はクラクフに入ることはできず、その代わりにと提示されたのがジェロナ・グラ（Zielona Góra）でした。それは、とてもつまらない街でした。小さくて古くさくて、軍隊がいて。ポーランド領ですが東ドイツからすぐ近くで（笑）。でも、学生たちは素晴らしかったです。ですので、そこで仕事をするのは楽しかった。

翌年の夏も、クラクフは無理でした。けれど私たちはジェシュフ（Rzeszów）に行くことができました。ジェシュフは、ポーランドの東のほうにあります。そしていろいろな意味で、ジェロナ・グラよりも興味深い街でした。歴史的に大きな意味を持つ場所でもあります。近頃私は、よくジェシュフとタルヌフ（Tarnów）のユダヤ人の物語を読んでいます。どちらも私自身がこの目で見た場所です。その夏は、四週間の滞在の間に二度、クラクフを訪れることもできました。といっても、街を見てまわるだけで、残念なことに、そこで仕事をすることは許されませんでした。その頃には私たちはもう、ソリダーノッシュの目的、目指すところを理解していましたから、いろいろ禁止したって、手遅れだったんですけれどね（笑）。けれど大学の上のほうの人が、そういったことから、そういった人々から、私たちを遠ざけておきたがったんです。あいつらと話すな、と」

——ポーランドの大学の人が？

「いいえ、東ドイツの大学から私たちを連れて来た引率者、責任者です。彼は私たちに、クラクフのポーランド人としゃべるなと言いました。私たちに、ソリダーノッシュのイデオロギーを植え付けようとするから、と。けれど実は禁止する意味なんてなかったんです。私たちはもうすでに、ソリダーノッシュの考え方、目的を理解していましたから。

ある時、私たちの宿舎に、ポーランド人が来ました。彼は私たちに話しかけ、私たちも答えて言葉をかわしはじめました。けれどすぐに私たちの引率者が来て、「やめなさいっ」と怒鳴りつけたんです。そのポーランド人に対しては、「あなたはここに入る権利はない、出て行きなさい」と決めつけました。それは私たちにとって、とてもシビアな、現実を容赦なく打ちつけられるような体験でした」

——はじめて東ドイツを出たのは、ポーランドにいらっしゃったその時ですか。

「私の母は遅くに教育を受け、その頃、教師になろうとしていました。東ドイツを離れるというのは、個人の問題ではなくて、家族に大きく影響するんです。たとえば、もし当時私が東ドイツを出てしまっていたら、母は教師としては働けなくなっていたでしょう。家族の他のメンバーも同様です。敬意を払われてしかるべき仕事にはつけなくなります。なんというか……シュタージ（Stasi）が、秘密警察が家族全員を尋問することになるので……」

——では、ポーランドにいらっしゃった時には、そういった問題は……。

「ポーランドの場合は良かったんです。東側の国でしたから。ポーランド、ハンガリー、チェコスロバキアは問題ありませんでした。その頃はまだ（チェコとスロバキアという二つの国ではなく）チェコスロバキアでしたね。東側の国であっても、難しかったのはソ連です。ソ連は自国の貧しさを他国の人間に見られるのを嫌ったから。ある友達は、ソ連の市場を写真に撮りましたが、その後、警察にカメラを奪われて、フィルムを抜かれたんです。彼女は、自分はロマンティックな写真を撮ったんだと弁明しました。ソ連に暮らす庶民の貧しさをさらけだそうなんてつもりなどなく、自分にとって市場は美しい場所なんだとがんばったそうです。ですが、警察は、お前は禁止事項に抵触したのだと彼女を責めました。彼女はその後、制約を、職業人としての発展を妨げられるような、数々の制約を受けたのです。それで、彼女は、一九八九年の夏に西側に出ていきました。その年、ハンガリー経由で西側に出て行った、第一群に入っていました(22)。

でも私はその一九八九年にもまだ、東ドイツにいました。母と一緒に。母は私にとって、とても大切な存在です。それに故郷も。故郷も大切でした。だから私は母に、プライベートな島を作ろうと言ったんです」

――プライベートな島を作る？　買う、ということですか。

「いえ、いえ（笑）。象徴的に、隔絶された孤島にいるみたいに、という意味です。私たちは庭で友達とパーティーをしたり、おしゃべりして時間を過ごしたりしていました。できるだけそれより外には出ないようにしたし、敷地内には外の政治を持ちこまないようにしていました。政治は外に押しやって、自分たちは、自分たちのプライベートな島にいて」

――そのプライベートな島を出られたのはいつですか。

「ポーランドに行った時、ですね。そこでは、露骨に見せつけられる政治性に、目を閉じていることなどできませんでした。ソリダーノッシュの人々に会ったからです。さっき言ったように、すぐに私たちの大学の責任者が、介入してきましたので、少ししか話すことはできませんでしたが」

――状況が変わったのは……。

「壁の後、はい、ベルリンの壁が……落ちた後です。それからは、西ドイツに入ることができました。壁が崩されたのは十一月九日（一九八九年）でした。私は同じ月の三十日に、東ベルリンから西ベルリンに入りました。西ベルリンに住んでいた友達のところへ行くためです。その時はじめて、西ドイツを歩くことができました。ええ、それは特別な感じでした。西側への境界で、身分証を出したのですが、誰にもチェックされなかった（笑）。まわりを見ました。誰にも、ほんとうに誰にも、「止まれ！　止まれ！」と呼び止められはしませんでした。自由を感じました。西側にはたくさんの色がありました。トルコ人の店です。色にあふれていました。西ベルリンは東ベルリンに比べて、色鮮やかな場所でした。東は……灰色、灰色、灰色でしたのに。ええ、その日のことはありありと覚えています。

その後、私はドイツの西側の街と、フランスに入る機会を得ました。ライプツィヒ（Leipzig）で担当した短期ドイツ語コースを受けた女性が、招待してくれたんです。彼女はライプツィヒを離れるときに、壁が崩れたら家に招くわ、と言ってくれました。そして本当に、十一月、私は彼女からの葉書を受け取りました。一週間フランスに滞在して、ヴァレンス（Valence）とグルノーブル（Grenoble）をまわりました。彼女のお母さんが住んでいたロマン（Romans）にも行って、靴の（笑）博物館を見ました。彼女の妹がベトナム人と結婚してグルノーブルでレストランをしていたので、ベトナム料理の店にも入りました。さらにもう少し後に、もう一度フランスに行く機会がありました。大学の演劇部のメンバーで、ベルギー人の演出家のコメディーをやったんです」

――初めてヨーロッパの外においでになったのは、いつ頃ですか。

「一九九三年になって、私は娘の誕生を待っていました。A大学（日本の某地方大学）からの返信も。A大学に履歴書を送っていましたから。履歴書にあわせて手紙も書きました。もうすぐ母親になるということと、そして赤ちゃんと一緒に日本に行きたい、働きたいと書いたんです。もちろん決定はそちらにお任せしますが……と。

A大学からの封書が届いたのは、クリスマスの日でした。答はOKで、それは私にとって、素晴らしいプレゼントになりました。娘が生まれたのは四月で、日本では学期初めということになりますが、同僚たちは四月から七月まで、すべての授業を代わってくれたんです。夏休みをはさんで、実際に授業に入ったのは十月からでした。

ほんとうは、母にも一緒に来てほしかったんです。でもA大の人には、老人は異国での適応が難しいだろうと言われましたし、当時私たちは犬を飼っていました。とても大きくて、攻撃的な犬でした。攻撃的な犬を連れて異国に暮らすなんてことはできません。母は犬と残り、翌年、犬が死んでしまってからは、毎年三か月ずつ日本に来て、私たちと過ごしてくれました」

――それから後は、大学を替えながらずっと日本にいらっしゃるんですか。

「A大では七年働き、契約が切れたので北海道のB大に移りました。北海道にいるときに、いまのこの大学での募集を知ったんです。専任の常勤の口で、面接は日本語で行われましたので自信はありませんでしたが、採用連絡をもらったときには、ほんとうに嬉しかったです」

――いくつかの日本の大学を経験してこられたわけですが、いまの、大学での言語教育について、どうお考えでしょうか。

「経済的な理由であるということは理解していますが、言語教育が縮小され廃止されていく流れがとても残念です。日本経済が上向きになって、教育の状況も引っくり返せることを祈っています。高等教育には、複数言語の教育が含まれなければなりません。英語だけではないのです。それに加えて、ドイツ語、フランス語、中国語、韓国語……ロシア語だってやれると思います。この街にもロシア人が住んでいて、言語教室を開いています……いまその人の教室は英語教室ですが、本当はロシア語だって良いんじゃないでしょうか。けれど、そうですね、こういう話は、いまは夢物語ですよね。ただ、学部によっては言語教育を続けるところもあって、そのことはとても嬉しく思っています」

――言葉を、慣れない言語を学ぶということに、意味があるとしたら……。

「（しばらくの沈黙。その後で）極めて高い価値が、ありますよね。私は、言葉をもっとシステマティックに、もっと集中して学ぶために、もう一度若くなりたい。もう一度若くなれるなら、ハンガリー語も学びたい。ハンガリーの人たちは、とても気が良いんです。それからチェコ語も。ホロコーストの研究をしていますが、このあいだチェコのテレジーン（Terezín）で、貴重な資料を見ました。それはまだ英語にも、ドイツ語にも訳されていないんですが、私は、多くの言語に訳される価値のあるものだと信じています。だから若くなれるならチェコ語をやりたい。

本当のことを言えば、私はもう、たくさんの言葉を、忘れてしまいました。でもね、これから自分の中のロシア語とスウェーデン語、それからフランス語を、もう一度活性化させるつもりでいますよ。もちろん、時間はかかりますが……」

3　ひまわり畑がすごくって

ゆうべ戻ったときには大降りだった。目が覚めた今も降りしきっているようで、けれどカーテンを開けると、それは丈高く繁った樹の葉ずれだと知った。風が通るたびに、驟雨のような音がたった。

着替えて、外に出る。早朝五時を過ぎたばかりだ。バンガローの橙色の瓦や生垣にも、ゆうべの雨のしずくが残り、地面にはそこかしこに水たまりが広がる。**SOLI-DEO-GLORIA**（ただ神のみに栄光を）と大書された宿泊施設の大門は閉まっていたが、横のくぐり戸は押すと開いた。

絵本に出てきそうな家が並ぶ。丸っこくて、レンガ色で、三匹目の子ぶたが暮らしているような家。しばらく歩くと案内板があり、ビーチパラソルのアイコンのおかげで、雑木林に入る道が湖へ行くものとわかった。部屋を出てからまだ、誰にも会っていない。林をくだる道はすぐに曲がり、ここから出口は見えない。誰かがのぼってきたら、ほとんど肩をすりあわせるように、すれ違うことになる。

でも、一歩を踏みだす。雑木林に入ると、意識から風の音は消える。はじめの数段は石、あとは土を踏んでかためた坂だ。上背のある木が並んでいる。植生は日本の真夏の、あの熱を放射するような、植物が息を吹きかけてくるような状態とは違って、ただこちらをちらりと見て、また目をそらしていくように、そっけなく見える。足早にすぎて、最後には駆けくだる。林を抜けると鉄道の線路だった。

うん、認めよう。私はたぶん、ちょっと緊張している。この後の仕事はスロベニアのリュブリャナでの予定だが、数日後にはブダペストに戻って、「あなたと似ている人がいますよ」と紹介された人に、会うことになっていた。自分と似ている？　ひるんだ私に、紹介者は慌てたように付け加えた。

「顔が、ではなくて、なんというか優先順位のつけ方？　でしょうか」

それは、ますます緊張するではないか。相手とは仕事も同じ（日本語教員）、年齢もほぼ同じだろう、という。内川かずみさん。エトヴェシュ・ロラーンド大学で教鞭をとっている。ハンガリー語絵本の日本語への翻訳出版にも携わっていて、すでに六冊になる。(23)

私は歩く。足元が泥になり、砂利になる。海の家のような小屋がひとつ。シャッターが閉まっている。足元の石が大きくなり、道は反対に細くなっていき、葦が見え、するとそこが湖のはじまりだった。道は葦のあいだの板に続き、板はそのまま、飛び込み台のように湖に突き出して消えていた。後ろを見ても、人ひとりいない。道の先端から、湖と、霧にかすんだはるか対岸の町。

それなら、と私は言ったのだった。雑談は苦手だった。なにか具体的な目的があったほうがいい。「それなら、どうせご紹介いただけるのならインタビューができませんか」。こうして、彼女の話を聞けることになった。その日が初対面で、場所は職場——彼女が日本語を教える大学の研究室である。天井の高い部屋だった。薄曇りの一日だったが、インタビューを始めるとき、研究室の白い壁、白い本棚には、陽だまりが落ちていた。

——どのあたりでお生まれになって、どんな言葉で育って、みたいなところから、話してもらえますか？

「日本のどの地域でという意味ですか？　生まれは清水市だったんですけれども、大半は静岡市で過ごしました」

——ハンガリーとはご関係が……。

「全然なかったですね。大学受験の頃に関西に行ってみたいなっていう想いが強くなって。

未知の場所で親戚もいなかったし修学旅行ぐらいでしか行ったことがなかったので、関西に行きたいなと。親は地元の大学を受験すればいいじゃないかって言ったんですけれども、関西のほうで探しはじめて、で、結局センター試験の結果もあって、大阪外国語大学に入りました」

その時点では、外国語への特別な意識は、「ほとんどなかったんですよね実は」とかずみさんは言う。教科の中で英語が一番「好き」ではあったが、「国際文化とか比較文化とかそういうところ」に行きたくて勉強していた。大学内での所属としては「国際文化学科」の「比較文化専攻」を選び、外国語大学だから当然と言えるかもしれないが、一応は新たな言語も学んでいくことになった。ところが、「言語のほうは、大学に勝手に振り分けられてしまって」と笑う。

――じゃあ自分が何語を学ぶかはわからない?

「わからなかったんです、はい（笑）。入試の時点で第一志望から第二十四志望までざーっと言語を書かされて。スウェーデン語、英語、フランス語っていう上位三つは覚えてるんですけど、もう残りはぜんぜん覚えていません。ヨーロッパに興味があったんでヨーロッパ言語を上のほうに書いたんですけれども。そんな感じで入試の結果で大学が決めて。蓋をあけてみたらハンガリー語で、ハンガリーってどこ？ っていう感じでした」

——そのとき、がっかりしたとか、嬉しかったとか……。

「なかったですねぇ。私はもう比較文化を学ぶんだっていうふうに思っていたので、そういうの（ハンガリー語に決まったことによる気持ちの揺れ）は別になくって。で、入ってみたらもう言語をみっちりやらされたんで、ちょっとびっくりしたんですけれども。一週間に五コマ言語の授業があって」

——かなり多い。ほかの（内容の）クラスよりだいぶん多いくらいですよね？

「多いですね。比較文化の授業よりも断然多かったので。不思議だなーと思ったけれどもなぜかハンガリー語になったなっていうふうに（笑）やってて。で最初の年、一年生の夏休みに、親がせっかくハンガリー語科になったんだからハンガリー見とけって、ちょっと短期留学をさせてくれて。まわりも短期留学をする人が多かったので一緒に、一か月間、ハンガリーのデブレツェン（Debrecen）という東のほうにある街で、サマースクールに行きました」

——じゃあほんとに、その四、五か月前には思いもかけないというか。

「もうー（笑）全然ほんとに（笑）。親戚のおじちゃんに大学合格の報告をした時は、「あ、ブダペストだな」って言われて、「ブダペストって何ですか」みたいな感じで（笑）、ほんとものを知らない子だったんで。ほんとに全然知らなかったんです。たまたまです（笑）。親は放任だったんですけれども、一回やると決めたことにはけっこうサポートしてくれたんで、すごくよかったです」

――デブレツェンでの最初の日について話してもらえませんか？

「はっきり覚えてるのは、私たち飛行機で、ハンガリー語科の女の子四人で日本から飛び立って、で、ウィーンに着いたんですよ。アジアのどこかで乗り換えてウィーンに着いて、数日は観光して。そのあとで電車でハンガリーに入ったんですけれど、電車の着く東駅が、ハンガリーのなかでも特にその……あんまり治安が良くないって言われている場所で。その頃、ハンガリーはまだ、共産主義の体制が終わって、そんなには……一九八九年に終わって時間が経ったといってもそれほどではなかったというか、ウィーンとブダペストの差が歴然としていたので、みんなショックを受けてしまって。ウィーンの華やかで煌びやかなところから電車でがーっとブダペストに来たらなんというか暗〜い感じで、人々がすごく暗〜い目をしていて、みんなちょっと、がっかりしちゃったんですよね。

でも……実は私はあんまり気がつかなくて、まわりがショボンとして怖いと思ってるなかで、はしゃいでしまっていたんです。だから第一印象は、鈍感なせいで悪くはなかったですね（笑）。当時、自分たちが使っていた、ハンガリー語で作られたハンガリー語の教科書が独特の色合いで、登場人物たちのイラストも独特な顔つきで、私は「わぁ、教科書と同じ！」って思ってはしゃいでいたのを覚えています。今思えば、それもまた、ウィーンと違う暗さのようなものだったんですけど。

そのあとでほとんど直接デブレツェンに向かったんだと思います。ひまわり畑がすごくって。もう、一面の……もう、すごくって。そう、それがすごく良かったです」

――外国に出たのはその時が初めてだったんですか？

「初めてでした。ほんと、どたばたでしたね。みんなと喧嘩したりとかもあって。私と誰かが喧嘩したり、次はあの子とあの子が喧嘩してたりとか。ほんの一か月なのにちょこちょこ、ごたごたしたことが起きて。おもしろかった。英語もそれまでは自分では得意だと思っていたんですけど、話すのと聞くのは機会がなかったから、自分がそんなにできないっていうことも知らなかったので、どこに行っても言葉が通じなくていろいろ困りましたね。びっくりしたし。デブレツェンに着いたときに、そこのスタッフの方に、「君には何語で説明したらいいの？」って尋ねられて「ハンガリー語できる？」って言われてNoで、「英語できる？」

って聞かれて「a little」って。困った顔をされたのを覚えてます（笑）。大きい身ぶり手ぶりで説明してくれて、なんとかなったから良かったですけれども。で、サマースクールが終わって、ハンガリーが大好きになって帰って」

――あぁ、その一か月で大好きに。

「そうですね、これで、ハンガリー語がんばるぞっていう風に思いました」

――東駅についてまわりが落ち込んじゃったなかで、かずみさんはウキウキしていて。

「で、そのまんまもうウキウキしたまんまでしたね私（笑）」

――一か月ずーっとハイテンションで（笑）。

「ほんとに（笑）。ヨーロッパに憧れがあったので。憧れがあったわりに全然中身を知らなくて、地理にも歴史にも疎いんですけれども、漠然とした憧れみたいなものがあって、行ったらもう、うわーっこれがぁっ！　って感じで。ずーっとハイテンションで。食べ終わったお菓子のパッケージとかも、全部持って帰ったんですよね（笑）。まだうちにあります。べりべりってやる粘着台紙のアルバムに全部入れて保管してあるので。本当に行ってるあいだも楽しんだし、終わってからも随分楽しんだな、っていう感じですね」

——終わってからも？

「凝ったアルバムを作って、まだ実家に置いてあるんです。よっぽどやっぱり、印象の強い経験だったんだろうな。こんなゴミを、と思うようなのがいっぱい入れてあって（笑）

——ウィーンも経験してやっぱりドイツ語に行こう、みたいにならずに……

「うん、ハンガリーが好きになりましたね。素朴だし。ウィーンに長くいたら、ウィーンが好きになったと思うんですけれども、ハンガリーに、長期って言えるほどでもないかもしれないけれども一か月ちょっと滞在して、人との触れあいがいろいろあって」

——すごく盛り上がって、（大阪の大学に）帰って……。

「がんばって勉強しはじめて、最初は成績も良かったんです。でも、私は元々、学校というところが好きで。大学生になってこれでもう学生生活も最後だなと思ったらやりたいことがいろいろあって。バイトもやりたいし、ずーっと文化部だったんですけれども一回は運動部にも関わりたいな、経験してみたいなと思っていて。でもぜんぜん運動はだめなんですよ。

もう体育（通知表で）1とったことがあるぐらいだめで（笑）」

——こう言っちゃなんですけど、ちょっと珍しいですね（笑）

「そう、普通に授業に出てたのに1とらないでしょう、体育で」と彼女は笑う。自分自身ではプレイはしないが、興味はあった野球部のマネージャーになり、活動に夢中になるうちに成績は「だだ落ちでもう、ぜんぜん（笑）」という状態になった。そのせいで交換留学制度は利用できなかったものの、三年生が終わってから一年間休学して、またハンガリーに向かった。今度はブダペストの語学学校だった。やがてハンガリー人の恋人ができて、彼の故郷の街ペーチ（Pécs）に越した。

「で、留学が終わってから日本に戻って、一年間大学生として過ごして、卒業したほとんど直後に、こっちに戻ってきました」

ハンガリーと日本との行き来に関して、どちらの場合にも、彼女は「帰る」や「戻る」を使う。大阪に「戻って」復学した頃にはもう、ハンガリーに「戻る」気持ちでいたので、「（ハンガリーで）ガイドとかになれたらいいなと思って」、卒業論文ではツーリズムについて書いた。けれどもそれは「あんまりちゃんとしてない」ものだったという。「本で調べたのを繋ぎあわせただけみたいな感じで。ただハンガリーの、きれいなものがたくさんあるのに、ネオンのついた看板が多くなってしまっていて残念だなぁっていう気持ちで」いたことは覚えている。

ハンガリーにはまた卒業直後に「戻って」、結婚した。留学時代からつきあっていたペーチ出身の相手は、抽象画を描くことで収入を得る芸術家だったが、「誰かと暮らしながら絵を描くっていうのが難しかったみたいで」、「嫁にもらってしまったら責任とかも感じてしまって。不安定な職業だったので、あーこれはがんばって絵を描かなきゃ、でも絵が描けない、それじゃあ生活は？　みたいな感じで悪循環になってしまって、どんどん精神的に追い込まれて」いったという。夫は鬱病になり、寝たきりの生活を送っていたが、状況を家族に知らせることも嫌がったから、「あの頃はわからなかったけれども、二人で、たぶんすごく暗～い生活を営んでいた」と今、彼女はさらっと言う。結局は「にっちもさっちもいかなくなっ」て離婚し、その後にもしばらくはペーチで生活していたものの、小さい街で、日本企業もない。ブダペストに戻って職を探し得られた最初の仕事は、日本食材店での売り子のアルバイトだった。食材店の次は、ハンガリー語科の先輩に誘われ、引っ越しの会社に入る。日本人駐在員への住居の紹介、引っ越しの手伝い、関連する様々なやりとりでの通訳といった業務をこなすうちに、国際交流基金ブダペスト事務所の日本語コースで日本語教師をしていた友人が、教師の募集を知らせてくれた。当時は言語教育については素人だったがペーチ時代に頼まれて個人レッスンをした経験はあり、それは「すごく楽し」く「けっこうはまってしまった」ものとして記憶に残っていた。引越会社での仕事をフルタイムで続ける一方、一週間に数回でも日本語を教えはじめると、「ますますはまってしま」うことになった。

――どんなふうに楽しかったんですか？

「同じ形で日本語教育に入った人はたぶんみんな思うことですけれども、え？　日本語ってこういうシステムがあったんだというのが衝撃で。「て形」にしろ、「と・ば・たら・なら」にしろ、[24]自分では使えていても違いが説明できなかった、あるいはどうしてこうなるのか気にしたこともなかった、っていうようなことを教えなければならなくて、教科書を読んでまずは「あぁ、なるほど」って自分が感心して、それを学生に伝えるのが楽しかったですね。あとは、人とのコミュニケーションがもともと、好きなほうなので。難しいけど、お互いに話せている、言ったことが伝わっている、という状況が、すごく好きだったような気がします。先生っていう職業に憧れもあったんですよね。結局教員免許はとらなかったんですけれども、ずっと憧れもあって、でなぜか……わぁ先生になった、っていう感じで（笑）。狙ってなかったのになりたかったものになっちゃった、と嬉しかった気がします」
国際交流基金での仕事を始めて一年ほどが経ち、相変わらず日本語教師の仕事は好きだった。日本語教師として生きていきたいと考えるようになってきた頃、今度は、現在の勤務先となっている大学から誘いがあった。「あぁじゃあもうぜひやりたい」と引越会社を辞め、本格的に日本語を教える仕事に就いた。すでに八年になる。

――修士も、ここで。

「そうなんです。修士は人文学部のなかのハンガリー語・ハンガリー文学科っていうところで、とりました」

――絵本をたくさん翻訳なさっていますが、修士論文も絵本の関連のテーマだったんですか?

「そうですね、私は絵本や児童文学が好きで、以前から漠然と、子どもの本に関わる仕事がしたいとは思っていました。それで、たまたまハンガリー語を学ぶことになって、ハンガリーで暮らしたりするうちに、こちらで出版された子どもの本を日本語に訳したらいいんじゃないかと自然に思うようになって。ハンガリーには、実はすばらしい本がたくさんあるんです。大学を卒業してハンガリーに戻ってきた頃、昔の絵本の復刻ブームのような流れがあって、好きなものも多かったので、翻訳しては出版社に送ってみるということを繰りかえしていました。そのうち、二〇〇六年に、幸い、訳書『犬のラブダとまあるい花』（原題 Labdarózsa, 冨山房インターナショナル）が、初めて、出版してもらえることになりました。修士は教育学と文学で迷って、結局、児童文学のほうで。研究は難しかったですね……やっぱりね。でも、私はその頃、自分が関わっていることに対して、常に、「自分はこれについてよくわからないまま関わってしまっている」っていうコンプレックスがあって。児童文学についても、確かに翻訳はやっているけれども、人にいろいろ児童文学について訊かれるとわからない、というコンプレックスがあったんです。それを克服したくって、俯瞰的にハンガリーの児童文学が見られるような修士論文が書けたらなぁと。それでハンガリーと日本の児童文学史を比較する論文を書きました」

――その時にはもう、絵本の翻訳出版はなさっていて、そのなかで質問されたりっていうことがあったんでしょうか？

「そうですね。翻訳をしていくなかで、「絵本のことならうちかわさん」みたいに言ってもらえる機会が増えて、でも「いやいや私そんなに知らないから」っていう感じだったので、自分のなかでも納得のいくような知識が持ちたくて」

――博士後期課程のほうでそちら（児童文学関連のテーマ）を続けることは、考えなかったんですか？

「元々はそういうふうに考えてたんです。私、本当にはまるタイプで、そしてはまったら一直線のタイプなので（笑）今までの人生を話していてもそんな感じだと思うんですけれども、修士論文もけっこう長くてしっかりしたものが書けたみたいで、まわりの先生たちも「これもう博士論文だよ」なんておっしゃってくださったので、このまま博士号も取っちゃおうかと思いはじめていたところに、日本学科の上司が」

――はい。

「今後の日本学科のことを考えても……いまエトヴェシュ・ロラーンド大学で日本学科を出ても、日本語教育に携わる職位に就く資格がとれない状況なんですよ。資格がとれる環境をこれからは作っていきたいから、むしろ日本語教育のほうで博士号をとったらどうだ、と」

――でも、学科としてそれをしてほしい、と言われても、その……博士論文を書くことにはかなりの時間とエネルギーが費やされることですし、大きい決断になるかなとは思うんですけれども。テーマは、どうやって決められたんですか？

「修士の時にハンガリーと日本の児童文学史を比較したのと同じ視点で、日本の日本語教育史と、ハンガリーの外国人のためのハンガリー語教育史を比較するようなものが書けたらいいなって思っています」


——お話をうかがっていると、最初の、ハンガリーに関わりはじめたばかりの頃は、一か月のときも、それから一年間のときも、どっちも親御さんが行ってみたら？　って押してくれた感じがありました。その後はご自身での大きい決断に変わっていって。

「やっぱり（最初は）親の一言がなかったら、たぶん考えてもいなかったんじゃないかな。あんまり、留学するぞと思ってちゃんと貯金したりもしてなかったので、自分のお金だけではとても行ける状況じゃなかったですし、そういう風に考えると、親が行ってみてくればいいよっていう風に言ってくれてから、考えはじめた感じです」


——卒業して（ハンガリーに）戻っていらっしゃったときは、親御さんが押してくれたわけでは……もう、なかったですか？

「そうですね、そのときは、もう、自分の意志で来ました。だけど私は大抵、周りの人に声をかけてもらったら、それをきっかけに新しいことをやってみる、という姿勢でいることが多かったように思います。もちろん、きっかけが得られるまでに、自分でやりたいことどとか好きなことがあって、そのことに関して話が来たら乗っかる、という感じなんですけど。そういう意味では、自分自身での大きい決断とか、大きなターニングポイントというものは、今までを通して、あまりなかったのかもしれません。自分では、わらしべ長者みたいな人生になったたって言ってます（笑）」

――このあとについて、どういうことを考えていらっしゃいますか？　今までここにいらして……

「この後もたぶん」

――帰ろうとか、あるいは別の場所に行こうとか、そういうことは……。

「あんまりないですね。もちろんチャンスがあればっていう思いもあるんですけれども。お話ししてきて自分でもつくづく思うんですけれども、チャンスが向こうから来たらとりあえずやってみるという性格なので、もしなにか面白そうな話がピンポイントで私に来たりしたら、考えることもあると思うんです。ですが今のところは、ここの職場もすごく好きですし、日本語を教えることも好きなので、ここでがんばれるだけがんばりたいなぁというふうに思います」

　このインタビューの前年には、再婚している。

「夫はハンガリーの西の端にあるショプロン（Sopron）という町の出身で、ウィーンに行くのも近いので、いずれはショプロンに住んでそこからウィーンに働きに行けたらいいな、ともときどき言ったりするので、そういう意味では、もしかしたらこれからそういう移動も、チャンスがあればあり得るかな」と思ったりもしているそうだ。

――外国語って、大学入学当時には、英語しか知らなかった、ということですよね。それが、第四から第二十四希望のどこかに書いたハンガリー語が……。

　私たちはふたりとも笑いだしてしまう。

「そう。本当に。日本でハンガリー語を習ってハンガリーに住む人とかハンガリー語を使って生活する人って、ほとんどいないんですよ。日本でハンガリー語を使った職業になんてほとんどつけないですし。だから今（卒業した大阪外国語大学の）ハンガリー語科の卒業生のなかで結局ハンガリーに住んでいる人は、変動はありますがたいていは私ともう一人か二人くらいです」

――最後にちょっと抽象的な質問になりますけれども、子どものときから関わりがあった言語ではなくて、ある程度大人になってから、新しい言語に関わるとか、新しい言語を学ぶっていうのは、どういう意味を持つと言えると思いますか?

「それはハンガリー語で、ですか? ハンガリー語ではなくて?」

――ハンガリー語でも。

「ハンガリー語でも? そうですね……」

――子どもの頃から、親の出身や職業の関係で(外国に深い繋がりのある)人生になる、というのはわかる。わかるというか想像しやすい。でも、私もそうですけれど、かずみさんも、大学入学以降に新しい言語に関わって新しい言語との絡みで人生もいろいろあって、っていうことになるかと思うんです。ハンガリー語を、学んだ、でそうやって生きてきた、っていうのが、ご自分のなかでどういうことに……どういう意味を持つものになっていますか?

長い沈黙があり、ゆっくりと言葉が紡がれはじめ、だんだん速くなっていく。

「話していて思うんですけれども、ハンガリー語はもう、ほとんど自分の人生そのものです……ね。ハンガリー語科に入ってから、ずうっとハンガリーと関わってきているので。積極的にせよ消極的にせよずっと関わってきたので、ハンガリー語抜きには、私の人生は語れなくなってしまったな。っていう感じですよね。ハンガリー語を習っていなかったら、十八歳からの人生が、まるっきり違うものだったっていうことですもんね。一言では言えないですけれども……言語を習うと世界が広がるとか友達ができるとか、そういうレベルよりももっと根本的に、もうこれがあったからこそ今の自分がいる、っていう感じになっちゃってますよね」

しばらく間をおいて、彼女はそれから、「ハンガリー語は、もう基礎です。人生の基礎になっちゃいました」と言った。そうして、少し間をおいて付け足す。「ちょっとずつ役割が反転してきているというのもあります。頭のなかで使う、考えるときに使う言語は今でも日本語なんですけれども、生活のベースとして買い物に行ったりとか、いろいろ使わなきゃいけないのはハンガリー語で、ハンガリー語がむしろ根本的なところになっていて、日本語は教えるために必要なので、むしろツールっぽいところになってきていて、ちょっと逆転してきているような気がしますね。うーん。でもやっぱり考えるとき……は、断然日本語のほうが多いですし、本を読むのも倍くらいは日本語のほうが速いと思います」

この日の話をきっかけに、私たちは友達になった。この日も、それから他の日にも、一緒にお酒を飲んだり歩いたりした。ブダペストには理由を見つけて何度も行った。東京でも一緒にごはんを食べ、お酒を飲み、私は、頂いた手料理のお土産で、かずみさんがショプロンのお義母さんから引き継いだ味を知った。

その後、私たちがそれぞれ所属する大学は交流協定を結び、今は学生たちの行き来もある。ある時、エトヴェシュ・ロラーンド大学から山口に来た学生が、楽しげにしていた。訊くと、照れながら「さっきの先生（山本）の説明の仕方を見ていて、ハンガリーの自分の大学の先生を思い出しました。なんか、懐かしくて」と答える。嬉しくなってしまう。かずみさんにあって私にないものもいろいろ思い当たるが（外から転がりこんできた状況に対する腹のすえ方や覚悟）、自分でも、やっぱり似ているところもあると思う（得意と不得意の尖り方や、記憶に残すもの）。そして、自分がかずみさんに似ていると感じられるのは、誇らしいことだ。

私たちには、自負もある。巨大なものではないけれど、それなりに野望もある。インタビューのあの日、私たちはそれぞれ、この先に自分たちがしたいと思っている研究についても話していた。あれからさらに九年がすぎた二〇二三年現在、まだどちらのテーマも取り組まれてはいないが、かずみさんは他のテーマを見つけて博士号を得て、私も別の課題に取り組みつつ、二人とも当時とおなじ大学で仕事を続けている。博士号取得を友達に伝えるかずみさんのSNSでのメッセージは、少しひねってあって、読み手が微笑みを抑えきれなくなるような、ショプロン出身のパートナーへの最高のラブレターだった。

あの時、道の先端は、中央ヨーロッパ最大の湖、バラトン湖の湖上にあった。ハンガリーといって私が真っ先に思い浮かべるのは、有名なセーチェニー鎖橋でも王宮でも温泉でもなく、かずみさんの笑顔とあの道だ。後ろから吹いてくる風に、押し出されないように、足に力を入れる。水は濁っていて、ちぎれた葦の葉がそこかしこにただよう。葦がいっせいに揺れる。さざなみが立ち、静まる。突堤の先端に立ってしまえば、前にも右にも左にも水が広がる。

第四章

ぶらごだりや——言葉が通じない場所への旅

その夢のなかで私は、すべてのものが滅ぼされつつある世界で、白い家に取り残されている。家の主人と私は、協定を結んでいる。世界を終わらせないために、できるかぎりの努力をすること。

私は男で、家の主人は女だ。

天井が高く白い壁の彼女の家で、会合が開かれ、軽い食事が出る。銃眼のようにあいた四角い窓のすぐ外は海だ。深く青い海に、カモメが舞い、鳴きたてる。

いや、舞うというには、その羽ばたきはあまりにも力強い。魅入られてしまう。窓のすぐそばに立ち、海と空のあいだを見つめる。

会合を終えた、彼女が言う。「この子たちを、送っていくから。いま一人で外に出すわけにはいかないから」

若い娘たちは、そろって挨拶をする。私はうなずいたきりだ。娘たちが出ていく。私のパートナーは最後に扉に手をかけ、そして、「ねえ、あなたみたいに、高い遥かな目標を見て、それを現実にあわせて引き下ろしていくよりも、下から、できることの上限を拡張していったほうがいいと思う。だって今のままだとあなた、負けることに慣れきってしまうでしょう?」とささやく。

他に誰もいなくなった白い家。海とカモメ。言われたことを考える。彼女が帰ってくる前に食卓を片付けておかなきゃならない、と思う。かがみこんだその時、上の歯茎に、両側のそれと頬のあいだに、何かが挟まっているような違和感をおぼえる。指を入れて引き出す。白くてぶよついたもの。さっき食べた鶏のささ身の、筋のところが残っていたのかな、と思う。

取り出したそれを、カモメたちに投げてやる。けれどカモメたちは空中で受け止めるどころか、見向きもしない。その白い小さな肉片は波間に落ち、一瞬で見えなくなる。

私はまた違和感――口のなかに異物感を感じる。さっきの肉片の下に、他にも挟まっていたのだろうか？　もう一切れ、白い肉がとれる。カモメたちになげる。肉片は波間に消える。もう一切れ、今度は反対側だ。剝ぎ取り、投げ続ける。

本当にこれは、ささ身なんだろうか？

私は、これほどのささ身を、食べたのだろうか？

自分がそこで使われる言語をほぼ完全に理解し、自分の言葉も理解されるだろうという前提に立てる場所で過ごす時間ばかりが長くなると、時々、息苦しくて、この時の夢と似た気持ちになる。一方、学んだことのない言語が使われる場所で過ごすことは不便で不安で、でも、時々、もっと自由だ。

この章は、そうした、言葉が通じない旅先での、言葉についての経験がテーマになっている。はじめての一人旅（第1節）がきっかけで、学生のころは、「できるだけ長く、安く、遠くに」とばかり動いていた。フランスで日本語教師として働いていた頃も、任期つき・教育業務のみという立場だったから給料は安かったが休暇は長期で、「遠くへ」はともかく「長く安く」という原則は学生の時と変わらない（第2節）。今は日本の大学で忙しく働いている。裾を蹴立てて駆けまわるような「出張」の間にも、しかし「旅」の瞬間が挟まることがあり、印象に残る時間にはやはり言葉も関わっている（第3節＋第4節）。

1　長く、安く、遠くに

できるかぎり長く、安く、遠くに行きたかった。自分が学んだことのない言語が使われている場所であればさらに良かった。大学生協でも近くの本屋でも、沢木耕太郎の『深夜特急』が平置きされていた頃だ。背負ったかばん一つで旅に出ることが、一種の通過儀礼のように感じられた。旅を重ねるうちに、いくつかのテクニックを手に入れていた。身体を拭くのは手ぬぐい一本（すぐに乾くから）。セキュリティーポーチは不要で、ストッキング一足あれば十分（片方の足を入れる部分をもう片方に入れこんで、身体を一周させて縛る）。トイレットペーパーは芯を抜いて持ちはこぶ（かさが減るから）。アジアの奥地ではユースホステルなどなくともたいていの町に寺があり、宿坊に泊めてもらえた。

一人で旅することを好んだが、初めから一人旅を当たり前のものとしていたわけではなかった。そもそも我が父は極度の心配性であり、私が幼児の頃から、繰りかえし、大人になった娘が橋の下で寝泊まりしているという悪夢を見てはうなされた人である。最初の外国が中国（北京）の一か月語学研修だった理由は、父との妥協点を探った結果だ。口を開けば「危ない」と言い続けた父が、娘の外国旅行など快諾するわけがなかった。しぶしぶであれ許しを得るには、自力でアルバイト代を貯めて行ける範囲で語学研修を、しかも北京大学という名牌《ブランド》大学で、という部分が効果的だったのだ。

その一か月については第二章のはじめに書いた通りだが、親と暮らしていた間は、語学研修なり交換留学なりという大義名分なしで日本から出ることはできなかった。だから、あれが始まり、と記憶している旅立ちも、留学先を起点としてのことだ。留学先の杭州から雲南省に向かった。やはり留学生だったスペイン華僑の子と、日本人の子と、三人で飛行機に乗った。ところが前日の夜に食べたちまきにあたって、機内で吐きはじめ、雲南省の省都、昆明の空港で昏倒してしまった。そのままタクシーで第一人民医院に運ばれ、入院となった。

翌日に退院した後も体調不良は続いたが、なんとか二人に合流し、シーサンパンナという中国最南端の地域に向かった。ラオス、ミャンマーに接する「麻薬産地の三角地帯」と本にはあった。泊まったホテルの部屋には弾痕らしきものが残り、壁には巨大な虫が這っていた。部屋を替えてもらうと、今度は扉に鍵がかからない。寝台の一つを扉に押しあてて眠る。シーサンパンナをあとにして、同じ雲南省内の麗江に向かって北上するバスの移動には、さすが広大な地のことで、十七時間を費やした。麗江に到着して数日、同行の二人は、杭州に帰るのだと決意のこもった口調で私に告げた。「いちばん見たかった麗江古城は見たんだから、もうこれでいい」と一人は吐き捨てるように言い、「あのバスも途中のトイレも、本当に無理だった」と呟くもう一人は、目を赤くしていた。

翌朝ふたりは麗江を発ち、私は残った。長距離バスの乗車中に体調悪化がぶりかえし、寝込んでしまってまだ、私は、この街は見たというほど見ていなかった。そもそもこんな体調で昆明にもどり、飛行機に乗ることなど考えたくもなかった。その日は下痢がひどくて、出発を見送ることもしなかったが、ふたりが出ていくとすぐに、客桟と呼ばれる簡易宿泊所のおかみが入ってきた。ノックと同時に、突き破るように扉が開いた。

「三人いたからこそ、こんなに良い部屋に入れてやったのさ。一人しかいないなら一人部屋に移りなさいな」

移動させられた先は物置じみた部屋で、どうにか細い寝台は入っていたが、寝台部分をのぞけば、身体を横向きにしなければ通れないほどのスペースしか残っていない。裸電球と、プラスチックのゴミ箱。ドアに部屋番号はなかった。

ねじ切られるような痛みがあった。共同トイレへの移動が間に合わなくなっていた。部屋のゴミ箱を使おうとしたが、それさえも遠い。痛すぎて身体の向きを変えられない。腹部の右側から左側へ、また右側へとくぐもった音が渡っていった。音をたどり、腸の形はこうなっているのか、と他人事のように思った。その日は時々、無理に水を飲みくだし、買い置きしていたビスケットをかじってしのいだ。部屋から出なかった。

一睡もできないまま長い夜が明けて、物音が聞こえはじめ、それから少し眠ったのだと思う。意識が戻ると起き上がれるくらいにはなっていた。外に出ろ、と自分に命じた。じきに水が必要になることはわかりきっていた。それからもう一つ、この日をこのまま終わらせてはならない理由が私にはあった。誕生日だったのだ。二十一歳。前日まで同行していたふたりは、このことは知らない。伝えると、誕生日だからそれに免じて一緒にいて、お願い置いて行かないでと懇願しているようで、だから言えなかった。その結果として、知る人のない麗江で、私はひとり、ここにいる。

でも、二十一歳のはじまりを、こんな風に汚れて惨めで臭い状態で迎えるなんて嫌だ、と思った。

そんなの間違っている。

曇天。旧市街を出て、大通りに入る。街は数日前に到着した時とは様変わりしている。車が行きかっていたはずの大通りは、見える範囲をこえてずっと向こうまで、露天の市場に化けていた。軽トラックに服が、籠が、派手な色の枕が、山積みになっている。脱走した鶏が連れ戻される。包丁がふりあげられ、鶏の首がはねとんでいく。豚の頭が積み重なっている。籠を負った女性たち。この地のナシ族が着る伝統的な紺の衣装だけではなく、イ族の黒と紅色の衣装や、華やかなリス族の装束も見える。冬瓜。米線。揚げパン。ゴムまりのように、においも入れ替わり立ち替わり弾んでいる。ひとかかえもあるプリンのようなもの。たらいにあふれそうな魚。きのこ。マンゴスチン、バナナ、ゴーヤ、茄子……自転車の豆腐売り。鶏の叫びたてる声、バイクのクラクション、子どもたち、女たち、男たちの呼びかわす声、そして壁のように積みあがった爆竹。菓子屋を見つけて、目指すものを買う。店の張り紙でようやく理解した。この年、旧暦ではこの日が大晦日だったのだ。

ということは明日は春節、旧正月だ。

客桟に戻ると、階段の上がり口で、子どもたちがわらわらと寄ってきた。幼稚園前から小学校の低学年くらいに見える六、七人が、次々に話しかけてきた。敵意はなく、むしろ好意的なことはわかったが、言葉は、私が留学先で学んでいた標準中国語とはまったく違って、理解できなかった。部屋にまでついてきた。寝台に上がりこみ（これは他に場所がないからだろう）、互いに何やら言いあっている。私は店から剝きだしのまま掌に載せてきた、紙皿のケーキを、リュックサックの上に置いた。この子たちが帰って行ったら、私は、私の誕生日を祝うのだから。

しばらくして中学生くらいの子が呼びにきて、幼い子らは出て行ったが、数分もたたないうちにまた、ノックされた。開けると、さきほどの子と、今度は大人まで立っている。臙脂色のセーターを着た女の人が、部屋の狭さか臭いかにひるんだように見えたが、それでも何か言い、中学生が標準中国語に訳す。

「あとの二人はどうしたの？　三人で泊まっていたじゃない」

「杭州に帰りました」

「あなた一人なの？」

「……」

「駄目よ春節にそんな。絶対にだめだわ。放っておけない。あたしたちと一緒に食事に行きましょう」

「そんな」

「レストランを予約しているのよ。大人数だから一人くらい増えたってまったく平気よ。ね、いらっしゃいな」

断るには疲れすぎていた。そうでなければ、うなずいてしまうことなど、なかったはずだ。三歳児に手をひかれてレストランまで同行したが、適当なところで言い訳をつけて退散するつもりだった。隅にカラオケセットのある大きな部屋が貸し切りになっていた。円卓に、あふれんばかりのご馳走が並ぶ。さっきの子どもたちがみんないる。大人は六人。三家族が一緒に旅行中なのだと中学生が教えてくれた。

「親同士が仲良しで、親戚みたいなもので、ここ数年はいつも春節には一緒に旅行しているの」

どんどん食べて、とすすめられた。大人たちは酒の瓶を何本もあける。私の席は子どもたちの間で、コップにはジュースが注がれた。腹痛のせいでほとんど何も口に入れる余裕はなかったが、その場に受け入れられているという感覚はあった。賑やかな話し声が、ビームのように円卓を飛びかう。たぶん、いくつもの会話が同時進行している。時々、中学生が訳してくれた。臙脂色を着た人が隣に来て、「どこから来たの、名前は、何歳なの?」と私に尋ねた。中国では春節が来るたびに数え年で年齢を言う。自分の誕生日は今日で、あれ、でも明日が春節だから……と考えることに時間がかかり「二十一？」と、疑問調で答えてしまった。

「あなた二十一歳なのね？」

「たぶん」

「誕生日は何年何月何日なの？」

それを言う。中学生が訳す。相手が息をのんだのがわかる。しかし、大晦日なだけでなく誕生日なのに独りぼっちだったの？　と口にされることはなかった。そのまま何も言わないでほしい。気を使われるのも、平気だとこちらから言うこともしたくない。ましてや可哀そうだと思われることも避けたい。臙脂色の人から顔をそむけ、子どもたちに話しかけた。

それから一時間くらい後だったろうか。部屋の明かりがふいに消えた。停電？　と腰を浮かすと、すぐ後ろにいた誰かが、ゆっくりと私の身体を反転させた。目の前にあったものを見た瞬間に、今日が生涯忘れられない日になると気づく。それは大きなケーキだった。二十一本の火が揺れる。生日快乐——誕生日おめでとう。ケーキに書いてあるその言葉が、次々に口にされた。うながされるままに、ろうそくの火を吹き消す。

やがて十一時をまわった頃、歌が始まった。一家の長、といった風貌の人が、おもむろに立ちあがって白酒の盃をかかげ、朗々と歌いはじめた。臙脂色の女性に向けてオーケストラの指揮者のような動作をして、歌をしめくくり、坐る。すると今度は彼女が立ち、艶やかな声を広げて歌う。次にはまた、先ほどの男性だ。幾度か入れ替わったあとに、今度は別のカップルが歌いはじめた。

「何て言ってるの？」中学生をつかまえて尋ねる。「難しい、訳しにくい」眉をしかめていたが、「来年は仕事を終えたら早く家に帰ってきます、家族を大切にしますとか」「お酒を飲みすぎないと約束しなさいよ、とか」と訳してくれた。

「約束、誓い？　パパもママも、新年に誓うことを歌ってる」

贈答歌、という言葉が脳裏に浮かんだ。シーサンパンナの観光地で聞いた説明に、ここでは、若者は意中の人が暮らす窓の下で歌う、とあったのを思い出した。そのような地域は他にもあるのかもしれない。古文の授業で聞いた言葉と、今この部屋の歌との繫がり。ずん、と、自分のなかの時間と場が広がる。

零時を過ぎる。花火があがる。

街は爆竹のはじける音で充満して、降りそそぐよう。

あの日、たまたま同じ宿に泊まっていたというだけの私を、三家族はこの上なく深い懐で受け入れてくれた。翌朝にはまた部屋に迎えにきて、次は大理に発つけれどしばらく一緒に旅をしないか、とも誘ってくれた。体調を戻す必要があったし、前夜の経験にまだ圧倒されていたし、このままくっついていくのはさすがに厚かましすぎると感じて断ったけれど、三家族の見送りに出て、子どもたちを抱きしめ、たくさん手を振った。

やがて臙脂色のセーターが角を曲がって消え、ふたたび一人になって、見あげた空のすがすがしさ。私は自由で、どこにだって行けると、そう思った。

まずは下着を、洗わなければならない。

2　季節はずれのサンタクロース

ブルガリア語で「ありがとう」は、Благодаря（ぶらごだりや）と言う。ブルガリアでの滞在経験はたった半日しかないけれど、きっと、この言葉は忘れない。

二〇〇八年の夏。パリ郊外の長距離バスターミナルは、前日にいたシャルル・ド・ゴール国際空港とは、何もかもが違っていた。周りから聞こえてくる言葉も、人々の服装も、荷物の様子も、光さえも異なっていた。そこは、日本のテレビにはまず映されることのないだろうフランスだった。天井に並んだ蛍光灯の一本が、ジリジリと音を立てたかと思うと、またたき、消えてしまった。剝き出しのコンクリートは汚れて、きっと、もう何年も埃を払われたこともない。誰もスーツケースなど値の張るものは持ってはおらず、段ボール箱や、赤や青の、四角いビニールかばんが、あちこちに転がっていた。かばんの破れたところはダクトテープで補修されている。

窓口に並び、セルビアの首都、ベオグラードまでのチケットを買った。足元を何かが掠めていったような気がして、跳びあがる。墨色の鼠が、列をつくる乗客の大荷物のあいだにもぐりこんでいく。しっぽが弧を描いて、汚れたゆかを打つ。出発予定時刻は深夜である。バスは二階建てだが、下の階には運転席と男女兼用の手洗い、それにボックスシートと荷物置き場があるだけで、そこには誰も坐っていない。私もほかの客と同様に二階にのぼり——半数以上の席は空いていたから、横並びの二席を占めた。

座席シートは破れていて、そこにもまた、ダクトテープの補修があった。人々は低く囁きあっていた。出発から数時間。ねむったり起きたりを繰りかえしながら夜を、それから早朝の鬱々とした空を見ていた。バスが停まるたび、地名が東のものになっていった。幾度か身分証のチェックがあった。何人かの警察だか移民局の役人だかが、バスに乗り込んできては、疑わしそうにパスポートをながめた。一度、バスから引きずりおろされた男がいた。バスはすぐに、その男が戻るのを待たず出発した。

長いあいだ乗っていると、バスでも電車でも、時間の感覚が薄れていく。ねむるべき時間と、そうでない時間との境目が崩れていく。その時もそんなふうで、ぼんやりと目を閉じていた。それで、突然、身体を揺さぶられたときには、何が起こったのか、咄嗟に把握できなかった。

バスは停車中で、運転手が、脇に立っていた。カップラーメンの、空いたカップを突きつけてくる。

「25€」

と、紙がつきだされる。「どうして?」答は、返ってこない。何か説明されていることはわかるけれど、理解できない。後ろの人も何か言っているのだが、私にはそれが、何語かすらもわからない。

その頃にはバス中の人――といっても十数人が、いろいろな言語で、私に説明しようとしていた。二十ユーロ札や五ユーロ札を、カップに入れてみせる人がいる。なんとか理解できた英語やフランス語の断片を繋ぎあわせて、日本語にすると、

「あなた、払う。みんな、払う。十分、十五分ＯＫ。払わない、五時間、六時間ここにいる。

いなくちゃ」とでもなるだろうか。要するに運転手は、国境審査を早く済ませるための賄賂を集めていたのだった。三十ユーロを渡すと、ちゃんとお釣りの五ユーロがもどってきた。金を集め終えた運転手は小走りに降りていき、すぐに制服姿の男を連れてきた。審査には、バス全体で数分しかかからなかった。日本のパスポートを差しだすと、そいつは、写真のページを開いてみることさえせずに、投げるように返してよこした。

国境審査が終わり、灰色の街を抜けると、一帯に畑が広がった。遠くに、手触りの柔らかそうな森が見えていた。私はまた眠ってしまったのだけれど、騒がしさにやがて起きた。いつのまにか、眩しい光の射す日中になっていた。そして酒がまわってきた。そう、プラスチックのカップに、あれはラキヤだったのか、透明な蒸留酒が注がれて、車内をまわりだしていた。前の席のおじさんが、振りかえって、演説をはじめる。満面の笑み。車内のあちこちから、いろんな言語で部分訳がとんでくる。繋ぎあわせて理解したところによると、話の趣旨はこうだ。

おじさんは十数年ぶりに国にもどる。娘の結婚式に参加するためである。フランスからたくさんの酒を（隠して）持ってきた。幸いその酒びんどもは、見つからなかった（ので、関税を支払う必要がなかった）。実にめでたい。こうして沢山の土産を持って、一張羅も持って、家族のもとへ帰れることが嬉しい。ついてはその悦びを皆と分かち合いたい。

その後は、皆それぞれに食べものや飲みものを出しあい、宴会になっていた。私は、はじめての国セルビアに緊張していたから、精神を明断にしておくために酒こそ断ったけれど、そうするとおじさんは「わが国の名産を経験したまえ」と（言っていたのだと推測する）、運転手にバスを停めさせ、飲むヨーグルトと、ブルーベリーのような果実を買ってきてくれた。どちらもとても味が濃くておいしくて、そう伝えると、「わが国はすばらしい」と、にこにこ頷く。その後は歌になった。それからはもう何が何やら、相変わらず何語かすらもわからぬままに合唱に参加したり、こちらも日本語で歌ったりなんかして、終点のベオグラードに着いたときには、皆、上気した顔で、背中を叩きあわんばかりに盛りあがっている。

ベオグラードでは、数日をすごした。中心街は賑やかで、鮮やかな原色をまとう人がたくさんいた。Tシャツばかり着ていた私は気が引けたほど、背中や胸元が大きく開いた服の女性もたくさん見かけた。こんな服で出歩けるならばきっと、治安も良いのだろうと思われた。一方、泊まったもぐりのドミトリー宿には鍵もなく、階下からは、明らかに取りこみ中の男女の音や声が、昼も夜もひびいてきた。同室になった、ドイツから来たという二人連れは、ひとりがホームシックだと言ってすすり泣き、もうひとりが英語版のぶあつい『ユリシーズ』を読みふけっていた。心寛ぐとは言い難い環境だった。街かどには、警察官が直立し、あたりを睥睨していた。一度、道を訊こうとして追い払われた。ＮＡＴＯ軍の空爆からすでに十年近くが経っていたけれど、当時のベオグラードには、まだ、あちこちに爆撃の跡が、破壊されたビルディングが残っていた。

旅に出てたった数日だったが、そうした急降下と急上昇を繰りかえしたせいで、ベオグラードを出たときには、奇妙な興奮状態におちいっていた。数日後には、トルコのチャナッカレで開催される学会で約束があった。しかしベオグラードとチャナッカレ間に直行のバスはなく、だからとにもかくにも東へと、乗りついでいくつもりだった。まずは隣国ブルガリアの首都、ソフィアを目指した。

はじめての街では、日が落ちる前に、宿にもどることにしている。ひとり旅ならなおさら、それは常に念頭にある。けれども、ソフィア行きバスの出発予定時刻は、深夜の一時すぎだった。私が猫だったなら、背中を持ちあげ、毛を逆立てていただろう。ハリセンボンなら、膨れ上がって針を突きだしていただろう。夜中の、人影のわずかなバスターミナルで、売店で買ったピザをかじりながら、誰か近づいてくるたびに、全身で警戒していた。

そう、もちろん、何事もなかった。けれどひたすらに疲労した。明けがた、バスがソフィアに着いたときには、私はもう疲れきっていたのだった。たった一つ、何かミスをしただけで、それが致命的な危機に繋がりそうな緊迫感を、ひとり勝手に抱いていた。どう考えても、体勢を立てなおすことが必要だった。

　ソフィアのバスターミナルで、半日後の、次の中継地点イスタンブールまでの切符を予約した。窓口にいたのは、まだ大学生くらいの若い女性で、スムーズに英語が通じる。互いににこっとしているうちに、「この近くで」と、自分でも思いがけない頼みごとをしていた。

「どこか数時間、ゆっくりと横になって休める場所はありませんか」

　想定していたのは、たとえば、ホテルだった。英語の通じるこの人なら、きれいな笑顔のこの人なら。私のような旅行者にむけた、安全な休憩所を、知っているかもしれない。

　彼女は考えこんで、同僚に何か言い、どこかに電話をかけた。そして私に向きなおり、

「二十分くらい待って。それから、連れて行ってあげる」と微笑んだ。

「だいじょうぶです。適当なホテルの名前と住所さえ教えてもらえれば、タクシーでもいいし、近ければ地図を見ながら行けますから」

「むりむり」と彼女は言う。「いいから、そこのベンチで待っていて」

　しばらくして彼女は私を連れて、ターミナルのある太い道から細道に入り、そこから先は舗装のない路地をいくつか曲がった。ちいさな家の前で立ちどまる。深い苔色の門と扉が、きれいな色褪せかたをしていた。

「ここね、私のおばあちゃんちなの」

入るとすぐに、三畳くらいの台所があって、そのむこうに庭が見えた。廊下をとおって、右側の部屋に案内された。バスターミナルで働く彼女は、おばあちゃんなる白髪の女性と笑顔で言葉をかわし、私に手をふって、仕事に戻っていった。

ちいさな家の、たぶんいまはほとんど使われていない、ちいさな部屋。深緑の窓枠に、ひとつだけガラスの飾り。木製の低い本棚がひとつ。シングルベッド。サイドテーブルには、針金のハンガーが一本と聖書。そんな、知らない国の知らない人の家で、そのとき私は、安心しきって眠ってしまった。下着だけになって、ベッドにもぐりこんで、静かな池にぽとんと落ちた小石になって、ただ、深く深く……。

ロールプレイングゲームで、宿に泊まると、尽きかけていたポイントが回復する。そんなふうに、いわば〈全快〉の状態で起きたときには、夕方になっていた。イスタンブール行きバスの発車まで、あと二時間ほどあった。おばあさんにお礼を言って、幾ばくかのユーロを渡し、散歩に出た。歩いて、見たものは壮麗な大聖堂、道を渡っていく野良犬の群れ、椅子ひとつ分ほどしかない煙草屋、湖のある公園――それから、自動販売機だ。

道ばたに、コーヒーの絵のついた、自動販売機があった。薄いプラスチックのカップは、何十も重ねられた状態で、筒状のカバーがかけられていた。一つを取って、飲料の注ぎ口の下に置く。コインを入れ、「カプチーノ」（だろうと絵から推察した）ボタンを押した。

何も、出てこない。

もういちど押す。

やはり、何の反応もない。コインが戻ってくることもない。

そこで私は、そうした状況において、ほとんどの人がやりそうなことをした。機械の横腹を、ぽんっと叩いたのだ。昔みんなが、厚みのあるブラウン管テレビに、やっていたみたいに。

動作音がはじまった。薄茶色の液体が流れだし、ペラペラのカップに溜まっていく。ずいぶんたっぷり入れてくれる。いや、とまらない。もうあふれそうだ。私はカップを取りだし、こぼれた熱い液体に悲鳴をあげながら、新しいカップを押しこんだ。なみなみ入ったほうは、とりあえず自動販売機の上に置く。ふたつ目のカップもすでに、あふれかけている。取りのけて三つ目。道を歩く人に、大声で呼びかける。自分が何語を使ったか記憶にないけれど、もしかしたら日本語だったかもしれない。

いずれにせよ、相手は、しっかりと理解してくれた。

駆けよってきて、カップを受け取ると、今度はその人が、さらに次の人に声をかけた。渡していく。私はひたすらカップをとっては、「カプチーノ」で満たす。周りを取り囲んだ人が、口ぐちに、Благодаря（ぶらごだりや）と言う。いま自分は何かに似ている、と思う。誰もかれもにプレゼントを気前よくふるまう誰か。そう、サンタクロースだ。

最後のふたつのカップは、人に渡さなかった。液体はまだ出続けていたが、もうどうしようもなかった。カップを両手に、緑の家にもどる。声をかけると、おばあさんと、小学生くらいの女の子が出てきて、だからおばあさんと、その子にも「カプチーノ」をあげた。おばあさんは、ちょっと驚いて、それから、Благодаря（ぶらごだりや）と言った。

そのあとに起こったことは、ちいさな奇跡みたいに思える。たがいに何の関係もない星のかけらが、ある一瞬、ある人の目に、意味を持つ形にうつる——そんなふうに。次の日にはもう決して、夜空にその星を見つけだすことはできないけれど、あの形を見た、という記憶は残る。

私は庭に招きいれられて、おばあさんと小さな女の子と一緒に、おしゃべりをした。私たちの言語レパートリーに、共通する言語などひとつもなかったのに、どうしてあんなに理解できたんだろう。私は数時間前まで知らなかった人の家で、自分自身の祖父母の家にいるみたいに、くつろいでいた。女の子も、おばあさんも微笑んでいた。ちいさな緑の庭に、ちいさな薔薇が咲いていていた。庭のすみのホースから、コップに水が注がれた。水は美味しく、コップの外側には、すぐにいっぱいに水滴がついた。おばあさんは、それは自慢の井戸水なの、空いたペットボトルに、くめるだけくんでいきなさいね、と言った——そんなふうに言われた、と思う。

Благодаря（ぶらごだりや）と、そのときはじめて私は言った。

3　みなさまのために歌います

ナナムジカが歌う〈くるりくるり〉を聴きながら、窓の外を見ている。イヤホンをすり抜けて、後ろのほうで、ちいさい子の咳きこむのが聞こえる。

成田を発って十時間以上がすぎた。飛行機はじきにコペンハーゲン空港に着くはずで、デジタル地図にはモスクワの文字も見える。私の窓は進行方向に向かって左、そしてその窓が明るい。地平線の向こうに、紫と、グラデーションになった赤紫、動脈に流れる血のような色。それが、上空へむかうにつれて徐々に、澄んだ青へと変化していく。スカンディナビア半島を南下しているということなのだろう。だから左側の窓がこんなに明るい。夜明けだ。

五十代くらいの威厳あるフライトアテンダントが、「あっちゃー or Water」と言いながら、通路をしずしずと進んでくる。「あっちゃー」とは何だろう、と見ると、それは実は日本語で「お茶」だった。「朝食は、チーズか、となかいのハムのサンドイッチから選んでください」と、なめらかな英語で付け足される。

お茶をもらい、となかい肉のサンドイッチを食べ終えた頃には、地平線の朝焼けは黄ばんだ藁半紙じみたうっすらとしたものになりはてて、空はくっきりと、早朝の藍色だった。ついさっきまで白っぽかった雲は、いまは、黒に近い紺になっている。雲がひとすじだけ、紅色に染まっているのが不思議だった。

もうすぐ到着する、という機長のアナウンス。そしてコペンハーゲン空港の案内。〈コペンハーゲン空港到着ロビーの喫煙所は、ターミナル内にはございません。つまり、お外でございます。引きつづき機内でのお煙草もご遠慮ください〉

思わず笑ってしまったのだけれど、まわりは誰も反応していない。

子どもの頃は、夏休み、冬休みのたびに、家族で千葉から広島へと帰省していた。移動はいつも新幹線か車だった。それ以外の家族旅行の記憶は、ほとんどない。飛行機なんて、乗ったこともなかった。大学一年生のとき、はじめて海外に発つことになった前日には、〈もし飛行機が落ちたら〉が心配で一睡もできず、家族や恋人に宛てて、泣きながら「万一」のための遺書を書いていた。
飛行機に乗るたびに遺書を書く習慣はしばらく続いた。けれどそのうちに、頻度が高くなりすぎた。しかも仕事柄、移動が重なる時期は集中する。数か月動かなかった後に、一週間のうちにブルガリアとフィリピンと日本を移動とか、ヨーロッパから戻った翌日にオセアニアといった移動をしていると、「もう乗らない、もう十分だ」という気になった。カシュガルの空港では、真っぷたつに折れたまま放置されているプロペラ機を見た。ときどき、私自身は家に戻ったけれど、魂が追いつかず、まだ、どこか——たとえば太平洋の上空を、行き惑っているのではないか、と感じるときもあった。

コペンハーゲン空港への降下中に見えた川は、その大半が凍りついていた。残りの部分には、ちりめん皺じみた、細かい波が寄っている。稲刈りのあと田に残った稲のような、丈の低い草が、かさかさした感じで広がる。山や丘は見えなかった。人家が二軒。ところどころに雪。雪か氷。滑走路のすぐ隣にも、溶けのこった雪。でも空港のなかは暖かく、カフェのスタンドがたくさんある。

数時間後、パリ行きに乗り換えた。数日後にはミュンヘン行きに。そしてミュンヘンからオーストリアのグラーツへ。グラーツから戻ってミュンヘン。それから、ブリティッシュエアーでロンドンへ向かう飛行機に乗っていた。

離陸前、いつも通り、緊急時の案内と非常用設備案内の動画が流れはじめた。しかし、二十秒足らずのうちに消えてしまった。もういちど、そしてさらにもういちど、おなじことが繰りかえされる。

機内放送。


〈えー、大変申しあげにくいのですが、非常用設備案内のＤＶＤを間違えてしまいました（ため息）。英語－ドイツ語版を載せていたつもりでしたが、ただいま当機のＤＶＤは、英語－フランス語版でございます。なんと我々ブリティッシュエアーもミスをすることがあったのですね（ため息）。ドイツ語で案内を見たかったというお客様、大変申し訳ございません。ただし本日の乗務員には、ドイツ語を流暢に話す者が二名おります（ここで急に元気になった）。そうでない者、残念ながらこの美しい言語についてわずかにしか知らない乗務員も、知恵をふりしぼって対応することをお約束します。どうぞ遠慮なく、ドイツ語でお声かけくださ い〉

私はこの機内放送がとても気に入って、すぐにメモをとったのだが、このフライトの最後にもういちど、かばんに入れたペンとノートブックとを、取り出すことになった。着陸間際の、最後のアナウンスだ。

〈ところで、ＤＶＤの言語につきましては、まことに申し訳ありませんでした。お詫びに、客室乗務員一同が、出口でみなさまのために歌います〉

こういうことがあって笑うと、魂が追いついてきてくれた、と感じる。人がちゃんと、人としてそこにいてくれる。私たち乗客は、歌うフライトアテンダントのあいだを抜けて、飛行機の外へ出る。風があり、新しいにおいのある場所へ出る。

４　レモンをはさんだ枝で

もし、あなたの夢のひとつが、全裸で泳ぐことであったなら。けれどヌーディストビーチで泳ぐ勇気が、なかったとしたら。

エストニアの首都、タリンの第一印象は、これまでに旅したうちで、もっとも人に話しかけてこられない場所、こちらから話しかけても話が続かない場所、というものだった。道を尋ねると教えてくれる（人もいた）が、途中まで一緒に行こうよ、と誘われることはなかった。たとえしばらくは同じ方向という場合にも、道筋の説明が終わったあとには、まずは足早に距離がとられ、別々に歩く。

きれいに晴れた空だった。仕事はすべて終わり、これからお風呂だ、ということが私を高揚させている。ハミングをしたくなるような空で、ああ、ここは「歌う革命」の国だった[25]ということを思い出す。じきに夕方になろうとしていた。風は涼しく、旧市街の街並みは石畳で、カフェやレストランの窓辺を、濃い色のバーベナやダリア、マリーゴールドが彩る。駅前のマーケットには、椅子ほどもあるきのこが売られている。坂道をのぼる。石で飾られた門をくぐる。壁に Beware of ex-communists と落書きがある。隣に、公共浴場の看板が立っている。

公共浴場の建物は、ちいさな映画館か、劇場のようにも見えた。レセプションで料金を払い、ロッカーの鍵をもらった。扉をあけると脱衣所で、入り口とは反対側に、擦りガラスの引き戸が見える。むこう側は、湯気でいっぱいだ。賑やかな話し声がわんわんと響いている。

脱衣所で、おばあさんがひとり、スカートを引きおろす。こちらをちらりと見て、無表情のまま、腰に巻きつけた布をはずし、裸で風呂場に入っていった。

私もいったんは裸になる。手ぶらで行こうか迷ったあげく、日本の銭湯のイメージで、いちおうはタオルを持って、擦りガラスの扉に手をかけた。そのとき、あることに気づく。扉の向こうには、もう、あの楽しげなざわめきはない。

息を吸う。息を吐く。ゆっくりと扉を引く。湯気に混ざってなにか涼やかな香りがする。洗い場の壁の低いところに、シャワーの設備が並んでいる。タイルのゆかの四か所に、水を張った桶が置かれ、なかには青々とした葉をつけた枝の束がぎゅうぎゅうに差し込まれている。それはちょうど、日本のホームセンターや園芸店の入り口付近で売られる、サカキのような感じだった。数百円分ずつ輪ゴムで束ねられたあれだ。ただし枝はサカキでなく、後で知ったのだが菩提樹だった。それから、洗い場とは別に、貯水槽のようなものがある。洗い場よりいくらか高くなっていて、四段の梯子がかかっている。

洗い場には、おばあさんたちがいた。平日の昼間、というせいもあるのかもしれないが、見事なまでに老女ばかりが、沈黙のうちに、一心不乱に身体に泡をなすりつけている。あいているシャワーヘッドに近づき、ここいいですか？　と尋ねてみた。エストニア語が、その次にはロシア語のほうがずっと通じるのだろうけれど、私はエストニア語はぜんぜん、ロシア語もいくつかの単語しか知らなくて、結局、使ったのは英語だった。

英語の、ではなくジェスチャーのおかげで、意図は通じて、どうぞ、といった手ぶりがかえってきた。椅子はなかった（おばあさんたちは、直接ゆかに坐ったり、持参のものらしい年季の入った椅子を使ったりしていた）ので、膝をついた。

蛇口の開きかたで戸惑い、隣を見ると、おばあさんが、その隣のおばあさんに、なにか囁いている。「Water?」と聞こえた気がする。「Water, Water よね？」と英語の単語を確認する風だったので、私も「Water?」と口にしてみる。

聞かれちゃった、という感じで、おばあさんが両手で口をおさえる。その両手がはずれて、「ヤポーンカ？」そっと押しだされた音。今度は、直接に私に向けられた声。

「ヤー」と、うなずいた。

好奇心で目が輝く。りんごみたいな色の肌。りんごみたいな胸とおなか。声がおおきくなって、まわりのおばあさんたちに、私が日本人なんだ、と伝えている。それから、またこちらに向きなおり、ぱーっとなにかしゃべりはじめる。ぜんぜんついていけないなかに、けれど「ひろーしま」「ながさき」という単語が混じる。

両親は広島の出だ。「ひろしま、ひろしま」自分を指さしながら頷いてみせると、出身地が伝わったような気がした。次にりんごさんから降ってきた一連の言葉のなかには「トヨタ」「ソニー」が混ざっていた。そこでこちらも、エストニアの大企業、「スカイプ」を挙げてみる。「ヤー」と頷かれ、そこからなぜか、りんごさんと私は、大爆笑してしまっている。

りんごさんの背中を流してあげた。その隣の人のも。するとりんごさんは、「今度はあなたの番」という感じで、私の背中をこすってくれた。それから、ゆかに置いてあった桶に手をのばした。そう、例の菩提樹がいっぱいに差し込まれた桶だ。おもむろに一束をとりあげる。そして彼女は、自分の身体を、叩きはじめたのである。叩く。叩く。叩いて、叩いて、リズミカルに叩きまくる。りんごさんの肌が、さらにりんご色になっていく。強く叩きすぎて、葉がちぎれ、背中に張りついていく。

茫然と見ているうちに、あちこちで同じことがはじまった。よく見ると、枝の束には、レモンの薄切りが幾片も差しこまれている。血行が良くなる、とか、そういうことなのだろうとようやく推測がついて、私も桶から一束もらう。自分の脚をばんばん叩いてみる。ちぎれた葉とレモンの混じったにおいが、鼻の奥をすべり下りていく。

「もっと強くよ」りんごさんが言う。「もっと、ずっと激しく」と、そう言われていることがわかる。高校生のときは、バドミントン部だった。ラケットのグリップを握った手首のしなり、それを思い出して、自分の身体のあちこちに叩きつける。私の身体も、りんご色に上気していく。

帰国してから読んだ『風呂とペチカ』（リピンスカヤ編〔2008〕齋藤君子訳　群像社）では、こんな枝の束は「風呂用のハタキ」と呼ばれている。

叔父は蒸気浴をする支度をしていた。わたしはポラーチ〔ペチカの横壁から部屋の反対側の壁にかけて、人の背丈ぐらいの高さに張られた板張りの寝床〕に横になり、風呂に誘われるのを待っていた。ところが、下女が家の中に藁を運んできてペチカの中に放りこみ、それに続いて湯を入れた桶を押しこむのに気づいた。桶の湯につかっているのは風呂用のハタキだった。それからしばらくして、叔父が生まれたままの姿で家の中央に現れ、顎髭をひとなですると一言も口をきかず、藁と桶とハタキのあとを追ってペチカの中へ突撃した。家には間仕切りがなにもないので、家の中でおこなわれていることはみながあらゆる方角から目にすることができた。下女が、かまどの焚き口に蓋をした。わたしは叔父が自分の体で焼肉をこしらえようとしているのだと思った。だが、その期待ははずれた。シチューや粥を煮込み、パン、ピロシキ、菓子パンを焼く、このペチカの中で、わが最愛の叔父がもぐりこんだこのペチカの中で、すぐにピシピシと大きな音がし、『ウハー！』という叫び声、うめき声、感嘆の声があがり、『すばらしい！……すてきだ！……いいぞ！……いいぞ！……アーアーアー！……ほれ、もっと、もっと！……ウー、なんてすばらしい！』といったたぐいの、ありとあらゆる賛辞がとどろいた。わたしの叔父が教会の雑役夫のような馬鹿力で我が身をくまなく鞭打っているのだ。(p.43)

わたしは（中略）風呂の中にもぐりこんだ。風呂の中は一日のどの時間帯であれ、じゅうぶん明るいとはいいがたいが、今は薄闇が支配している。わたしの周囲では、ぬれたハタキが生身の身体をビシビシと叩く音が響いていた。わたしはお手本に魅せられて手探りで温度がいちばん高い最上段に上がるとハタキを振りまわし、宙や背中にあらゆる図形を描きはじめた。(p.44)

私が見たのは、まさにここに活写されている光景だった。「風呂用のハタキ」が、つまり菩提樹の枝の束が、「宙や背中にありとあらゆる図形」を刻んでいた。

やがてりんごさんは、枝を桶に戻すと、おもむろに立って、私が貯水槽かと思っていた場所にむけて、はしごをのぼった。てっぺんから跳びこむ。水しぶきがあがる。私もはしごをのぼり、そっと爪先をつける。水だ。だが、たっぷりと身体を熱くした後なので心地いい。

全身つかると、水深は私の首くらいまであった。りんごさんは背泳ぎ。そして犬かき。盛大に水を跳ねちらかしている。「あなたも」とすすめられ、擬音つきで「泳げ～っ」と励まされ、そのときには、菩提樹の枝を持ったままの他のおばあさんたちに、貯水槽に似たその場所は、取り囲まれていた。魔女の祝祭的な何かが行われているかのように、枝がひょこひょこと上がり、下がる。実は私は泳げないのだけれど、雰囲気に乗せられて、暴れまわった。水のなかで、アニメのキャラクターの決めポーズを真似る。魔女たちが、やんややんや、と囃したてる。

風呂を出て、脱衣所に戻り、ぼーっと休んでいると、衣服をつけ終えたりんごさんが寄ってきて、飴をひとつくれた。そうして何も言わずに、すうっと出ていった。次のおばあさんは、きゅうりを、その次の人は、ジャーキーを一本くれた。さらにその次には、ちいさなきのこをひとつかみ。

私から渡せるものはなにもない。

のろのろと髪をとかす。

ロッカーの鍵を返す。

受け取ったお姉さんが、こちらをちらっと見て、ウインクをする。

外にはもう、暮れはじめた空。とうとつに、ワルプルギスの夜、という言葉が浮かぶ。ふうっ、と息をつく。ほんとうに、魔法をかけられたみたいだった。両手にはジャーキーときゅうりが一本ずつ、それにきのこと飴が、こぼれおちそうだ。

第五章

さえぎらないで、妄想中だから
——歩くこと坐ること、食べること着ること

歩くことが好きだ。そして、歩くことに関する記憶のなかには、父方の祖父がいる。自身の子は三人とも息子だった。女の子として生まれた初孫の私に「おじいちゃんどう対応していいかわからんかったんよ」というのが祖母による説明（あるいは弁護）である。母の体調不良のために、幼児だった私は、半年間ほど祖父母宅に預けられた。ほぼあらゆる世話が祖母に任されてしまったらしいが、それでも、祖母が買い物に出る時には、やむを得ず祖父もかり出された。

「男子厨房に入らず」を文字通りに実践した人で、この祖父が料理に手をそめるのを、見たことがない。従軍中は別として、お湯を沸かしたことすら一度もなかったのではないかと思う。そのせいか祖母はご飯どきに外出していることはなかったし、午後に出かける時にも、必ずおやつを用意していってくれた。ちいさなおぼんにヤクルトとおにぎり、季節の果物。

幼児の――祖母によれば「女の子」の相手のできない祖父なのだ。おやつは祖父のポケットに入れられて、私たちは「山に」行く。ヤクルトを握りしめ、背丈を超える草の間で足をふりあげる三、四歳くらいの私の写真が残っている。そのうちに祖母在宅時でも、あるいは両親がいる時でも祖父が私を連れて歩きに出るのは普通のことになっていったが、「冴里がおらんようになったぁ！」と、血相を変えて駆け戻ってきたことがあったらしい。

近くには交通量の多い国道二号線もある。家族総出で探しまわると、私は道ばたで、体操坐りで牛を見ていたそうだ。

　その時のことは、なんとなく覚えている。聴きなれない音に導かれ歩くうちに、知らない土の道に入っていたこと、巨大な、黒と白のかたまりが動いていたこと。怖くはなかったこと。臭いと、風をふるわせる声が寄せてきたこと。

　けれどそのことがあってから、祖母の留守中、祖父は私を車に入れるようになった。窓もドアも閉められて、だから私は逃げ出すことができない。祖父も同乗してはいるのだが、チャイルドシートなど持たない時代で、大暴れしかねない孫娘を乗せた状態では、車を駐車場から動かせない。双方ともにこの状況には大変不満だったから、私はじきに、祖母の外出にお供させてもらえるようになった。祖父が趣味の畑仕事や散歩、俳句、友人との碁などを楽しむ傍らで、あらゆる家事を、祖母が担っていた。もののない時代に育ったからか、鍋に穴があけば釘を叩き潰してふさぐ技術を持っていたし、勝手口の横に置いた道具入れの棚はお手製だった。かといって節約一辺倒ということもなく、おしゃれも美容院へ行くことも大好きだった。茄子やひじきの煮物やとんかつは、おばあちゃんの味が何より美味しかった。

　私が祖父よりも祖母になついたのは当然だと思える。祖父とは、牛の件があって以来、少し距離ができていたと思う。

　母が快復し、両親や弟と暮らす家に戻ってからも、盆暮れには家族で帰郷した。明治三十五年に高祖父が建てた古い家だ。家に入るとまずは仏壇のご先祖様への挨拶があり、それから祖父の席に呼ばれた。祖父の前には湯のみが置かれていて、必ず「読んでみんさい」と命じられる。湯のみは祖父が好きな職人さんに特注したもので、白隠禅師の言葉とか論語の一節など難しい言葉が、しかも崩し字で書かれていた。たいていは、たどたどしく、ほとんど一語か二語しか拾えない。いつも緊張した。音読のあとには、どういう意味なのかを訊かれた。

ひとくさり注釈を加えたあとで、「がくもんは大事よ」「がくもんをしんさい」と祖父は言った。「緒方貞子さんのようになりんさい」というバージョンもあった。

健在だった頃、祖父はすべての孫にこれをやったが、私は初孫であったぶん、長く「がくもん」を敬慕する言葉を聞きつづけた。一種の試験のようなその時間が終わると、抱きとられるようにして、祖母のテリトリーに戻る。祖父はちょっと物足りないような、ほっとしたような顔をして歩きに出る。そうして歩き続けた。晩年のある日、散歩して戻ってきた際に転び、頭をひどく打った。すでに認知症もはじまっていたが、その事故のせいでやがて起きあがれなくなり、翌々年に亡くなった。

シャツの背中側がだらっと出ていても、襟が片側だけ立っていても、気にならないのか、自分では直そうとしなかった。まるで、どんなに小さな事でも、身の回りを整えることは自分ではなく妻の領分に属する仕事だとでも言わんばかりだった。一方祖母は、おしゃれで快活で、くるくると家族の暮らしを整え続けた。祖父のかたわらにもとんでいっては、袖だの裾だのを直していた。

祖母との記憶はたくさんあって、尽きることがない。

しかし、その祖母よりも、私の性格はきっと祖父のほうに近いのだ。お小遣いなどくれるとき、祖母は「くつした一足でもいいから、着るものにも使いんさいよ」と言った。お年玉もお小遣いも、けれど結局はすべて本に姿を変えた。料理も掃除も嫌がる私に祖母は手を焼き、思春期の頃からは「それじゃあ結婚してから困るよ」「いつか結婚したら、旦那さまのお食事どうするん」などと小言を言うこともあった。

祖母の持っていた数々のスキルを、私が受け継ぐことはなかった。緒方貞子さんのようになって祖父の望みを叶えられたわけでもなかった。けれど、「がくもん」への畏敬の念は刻みこまれている。歩くことへの偏愛も。ただ、祖父と違って——いや、もしかしたら祖父もそうだったのかもしれないが、牛を見ていたあの日のように、道ばたに坐りこむことは今でも好きだ。

この章のテーマは、歩くこと坐ること、食べること着ること、そしてもちろん言葉のことだ。はじめに、中国の山奥で食べた白菜の味と（第1節）、日本という異郷で「あの味」という味を手に入れるために留学生がしていた工夫（第2節）を書きたい。それに、慣れない場所で、状況とこみで、記憶に刻みこまれる言葉について（第3節）。言葉と結びついた大切な記憶といえば、はじめてのママ友との思い出も（第4節）、センター試験監督の日のことも（第4節）あてはまる。最後の節では、繋がりを断ち切られるような、コロナ禍での日々の散歩について描いていく（第5節）。

第五章のタイトルは、以前フランスの海岸沿いの街で見かけた扉から頂きました。扉にはうす紫の板がかけられていて、この言葉が——**Ne pas déranger en rêverie**（さえぎらないで。妄想中だから）——書いてありました。自分のドアにも同じ札をかけておけたらいいのにな、と時々思います。勇気がなくて、とてもそんなことはできないけれど。

1　行きなさい、迷うことはない

その山の名は書かない。寺の名も仮のものだ。誰かに迷惑がかかってはいけないから。それに、これが本当にあったことなのか、細部にいまひとつ確信が持てないから。短い経験だったけれど、ふもとに下りた時にはもう、現実離れした時間をすごしてきたという感覚があった。

雲南省麗江での新年（第四章第1節）から二週間ほど後のことになる。私はまだ留学先の街に戻ってはおらず、雲南省や四川省をめぐり、バス、バイク、車、馬車（車も走っていたが、当時はまだ、馬車も現役で活躍する集落があった）に乗ったり降りたりしていた。標高の高い瀘沽湖を離れたあとには、ひとつ敷居を越えたように、身体はずいぶん楽になった。

この日の日記には、町で――町といっても実質的には、数分で歩き抜けられるメインストリートの坂の上で――饵丝というきしめんのような麺料理を食べ、ネーブル、ぽんかん、碧汽を買った、とある。碧汽という文字は、私の字ではなく、店の人に書いてもらったようだ。最近になって中国の検索サイト「百度」で調べたが、それらしきものは出てこなかった。当時の日記には、「紫色をした球根のようなもの」で「繊維が多すぎるカサカサした梨の味」というメモが残っている。

次の目的地に行くためには、中距離バスに乗り、三叉路のバス停で乗り換えればよいはずだった。着いたら教えてくれるようにと運転手に頼み、少し眠る。目が覚めるとバスは、整備されたアスファルトの道路を走っていた。両側には、菜の花畑が広がっている。ここだ、と言われて降りたのは私たちだけである。数日前のバックパッカー宿で行き先を話したことで、日本人の同行者が一人できていた。三叉路というが、実際には、走ってきた道から小枝のような横道が出ているばかり。バス停の表示はあった。三十分がたち、一時間がすぎる。日は高いものの人家は見えず、もしもここから移動できなかったら大変なことになる、と私たちの考えは一致した。

「次に来る車をヒッチハイクしようよ」と私は言った。「こんな、一台めと二台めが通るあいだにお餅が焼けちゃいそうな、こんな道にバスは来ない。来ても一日に一本だったりするのかもしれない。動きたい」

しばらくして、エンジン音が聞こえてきた。車体の大部分が菜の花に隠れて屋根しか見えないうちに、「あれを停める」と宣言した。やがて全体像が見えて、同行者が一歩、後ろに下がる。

「本当にあれを?」

ミニバンだ。白地に黒の筋が入り、横腹にはでかでかと「公安」の文字。

後には引けなくなっていて、手を挙げた。車は少し先で停まる。運転席にひとり、後ろにふたりの深緑色の制服が見えた。目的地の名を伝え、連れていってくれませんかと頼む。私にはわからない言葉で、彼らの間に二言、三言やりとりがあった。それから「乗れ、山門まで連れていってやるから」とこれは標準中国語で告げられた。

走行が開始され、しばらくして、二元、と言われた。私たちは一瞬、顔を見合わせ、もたつきながら二元ずつを渡す。昼に食べた「饵丝」と同じ金額だった。

「煙草吸うか?」

紅塔山の赤いパッケージが、後ろの席から差し出された。吸う習慣がないので、と断ると、そのほうが身体には良いというが、精神の健康にはこれが素晴らしい効果を持つんだぞ、と残念そうに言った。私は火のついた一本を受け取り、運転手に渡す。さもうまそうに吸っている。

目的地に着く。山門の前には、たいして売る気もなさそうな店が数軒ならんでいた。同行者が「田楽でも売っていそう」「鮎のくし焼きとか」と呟く。中腹の宿坊に泊まれるから案内しよう、と駕籠屋が声をかけてくる。

籠は断って、雑木林のあいだを足でのぼった。せせらぎの音が聞こえ、浅くて澄んだ流れがあった。半刻ほどで宿坊にたどりついて荷物をとき、さらに上を目指す。地図によれば、まだこの上に奥の院が建っているはずだった。奇妙な形の岩を、岩肌にへばりつくようにのぼる。両手両足を使い、心臓の打つ音が聞こえるほどになってようやく、中継地点の飛泉閣についた。お堂がひとつ、小屋がひとつ。ペットボトルをあけて水を飲もうとしていると、老いた僧侶が出てきて私たちを手で押しとどめ、甘い茶をご馳走してくれた。堂の鍵をあけてくれ、中を見るようにうながされた。さらに上に行きたい、と伝える。僧侶にしたがって飛泉閣の木立を抜けると、空頂寺に続く道がひらけた。あたりはうす赤く染まりはじめたところだった。ピンク色の岩肌が露出している。飛泉閣を最後に、視界をさえぎる高さの木々はもう前方には見えなくなっていて、それは光さす道、風の吹きぬける道。いや、道というにはその坂は幅広くて、どこまでも逸れていけそうで、ゆるやかで。

空頂寺では、こちらも老いた僧侶が、香を立てていた。卜占の箱があった。

「これ、いいですか?」

頼んでみると僧侶はすぐに箱を持ちあげ、突っ立っていた私に、「下跪《ひざまずけ》!」と命じた。香のにおい。鐘の音。抑揚の強い祈りの言葉。みくじ箱を振る。三十二番上上、と墨書された札が出た。三十二番上上、について説明をしてくれたが、まったく理解はできなかった。

のぼって来た時とは異なる道を教えてもらって、宿坊のある中腹までおりる。道々、同行者の体験談を聞いた。はじめて中国に来たのは一九八六年だった、という。いわく、当時の中国での旅は「すごろく」で、「三歩進んで二歩さがり、一回休み」のようなものだった。バスに乗り換えるはずが筏に乗り換えになったことも、目的地に向かうのとは異なるバスに乗せられたことも、「降りろ、メシだ」と予定とは違う村でおろされたこともあった。料金を言われているはずの場で金額が聞き取れず、訊き返すうちに結局ただで送ってもらうという経験もした。治安がピカイチによかった、八六年の中国。あの時が強烈すぎて中国語を学びはじめ、自分は紐で繋がれたように、仕事をしては中国に戻ってきている。

「私たちは素食よ。肉は食べないけれどいいのね」

宿坊では、とても年老いたおばあさんが待っていて、そう告げた。食事の申し込みをしておいたのだ。

「もちろんです、同じものを頂きたいんです」

斎堂には、畳を二畳、縦に繋ぎあわせたような長い囲炉裏と、それを囲む低いベンチがあった。入り口には鉄の板がぶらさがっていて、ごはんの用意ができたら叩くのだという。しばらく待ったが、誰も来ないので退屈して、手伝おうと庫裏を探した。音で呼ばれたら戻ればいい。大根をさげたおじいさんが向こうの建物に入っていくのが見え、追いかけると煮炊きの音が聞こえた。物音は下のほうから来るようだったから、階段があって、半地下にでもなっているのだろうと思った。中に入り、手伝わせてくださいと声をかけた。中は暗くて、目が慣れるのに少し時間がかかった。

足元で、人がゆかに坐っていた。

包丁を足の指にはさんで、大根を切っていた。腕がなかった。その人が何かを言い、すると別の人が白菜を渡した。渡した人も低い位置にいて、こちらは脚がないのだった。目が慣れると、十人近くもの人が作業していることがわかった。老人が多かったが、そうでない人もいて、ほとんど誰もに、目に見える欠損があった。そういえばさっきのおばあさんも、左手の指を二本、失っていた。目玉が片方だけの人、腕の先が丸まっている人。私に白菜と包丁をくれた人に「どのくらいの大きさに切ったらいいですか?」と尋ねると、その人は、手を軽く耳にあてる動作をしてから、あー、とか、うーあー、ととれる声を出しながら教えてくれた。

やがて調理が終わり、一緒に頂いた「素食」の内容は、次の通りだ。

・香菜とザーサイの辛みそ炒め
・白いんげんの煮もの
・キャベツのせん切りの炒めもの
・さやえんどうの炒めもの
・トマトと冬瓜の皮をあわせて炒め、冷やしたもの
・豆腐皮の揚げ煮

・白菜の漬けもの
・葉っぱ野菜（何かはわからない）の入ったスープ
・白いごはん

美味しかった。値の張る食材など入っていなかったし、調理の方法もシンプルだった。けれど、滋味深いというのはこういう料理なのだろうと思った。白菜の漬けものは、どこかで食べたことのある味がした。

風鈴が鳴る。

美味しい、と言うと、指の欠けたおばあさんが、「私たちねえ、（山の）下にいた頃は病気が多くて、よく鍼を打ったし、薬も飲んだ。ここに来てからは元気たっぷりよ。こういうものを食べているからね」と自慢した。

ごはんの後には、顔と足を洗ってから、念経に参加した。香のたちこめる中で、鐘の音が響き、だんだんと速くなる。鐘にあわせて歌う。なむあみだぶつ、という部分だけは私も唱和できた。歌とにおいと音のなかで、ひざまずく――額を、ゆかについた手につける――立つ――ひざまずく――額を、ゆかについた手につける――立つ、という動作を繰りかえしていると、体が揺れはじめた。坐っても立っても、周囲の仏像のどれかと目があうようになっていた。これをもっと押し進めた先に、トランス状態というものがあるのかもしれない。「ちょっとやばいな」と口に出して、その言葉をフックに、いつもの現実のほうにしがみついた。

念経が終わる。入り口にいたおばあさんが、「よく来たね、また明日ね、暗いから気をつけて。宿坊に行く途中まで送るわ。その後もゆっくり行くのよ」と、私の背中をさすってくれた。

宿坊の壁板には透き間があったし、上部の四分の一くらいは空いていて夜がのぞけた。雨が吹きこむだろうな、鳥が入ってくることはないのだろうか、と訝しむうちに眠ってしまう。

腹に響く太鼓の乱打。ゆうべの鐘とは違う、銅鑼の音。朝の念経だ。念経が終わると、木魚を叩いていた住職が、「很好《とてもいい》」と大きく誉めてくれた。みんなが、笑いかけてくれる。外に出て、柱にもたれる。この旅ではいろんなことがあって、私はそれらを、自分のなかでどう位置づけたら良いのかわからない。

念経を終えてから、十時くらいに、朝食になった。朝ごはんの席には、きのうの公安警察もいて、粥を食べていた。「君もよかったら」と、差しだしてくれた湯のみに、とぷりと白酒が揺れる。驚いた私を見て、大きな笑い声。今朝も粥に添えられていた白菜に、ああ、これはおばあちゃんのと同じ味だった、と気づく。

あれから二十年以上も経って、まだ、この場所でのことは消化できていない。印象的だったからこそ、もう一度行きたいという気持ちになれない。私は、この時の同行者とは違って、一つの出来事で自分の中に強く刻まれた場所には、紐で引かれるように戻るのではなく、そこから自分を弾きだしてしまう。

でも今でも、あそこにあの山があるんだと思うたび、私の心は力強く支えてもらえる。誰もが次の道の半ばまで送ってくれた。飛泉閣のおじいさんも空頂寺の僧侶も、お堂の入り口にいたおばあさんも、帰り道には公安警察までもが、途中まで来てくれて言った。

「さあ、ここでお別れだ。行きなさい。迷うことはない。じゃあ、再見《さよなら》」

2　あの味を手に入れるために

リール（Lille）は、ブリュッセルとパリを結ぶ道筋では最大の都市だ。リールに住んでいた二年間に、こんな話に誘われたことがある。いわく、両都市の日系駐在員家族たちが運送業者に委託して、ノルウェーから、刺身用の新鮮な魚を満載したトラックを走らせる予定である。もしも途中の街にもそれなりに希望者がいるならトラックが立ち寄るが、出資するか?

お金の余裕もなかったから、出資などしなかったし、結局その計画が実現したかどうかは知らない。でもその話を聞いて、似たような経験を思いだした。

二〇〇〇年代のはじめ、千葉県の日本語学校でのことだ。スリランカから来ていた学生たちが、授業が終わったら自転車にとびのって全速力で帰るんだ、きょうはいいことがある、とはしゃいでいる。訊くと、日本語ではわからない、と顔を見合わせて辞書を引き、「行商」と私に見せて、「行商がきます」と言った。

東京近郊には、スリランカなど、南アジアの人が多く住む地域がいくつかある。そんな街をまわる商人がいるということを、その時はじめて私は知った。商人は、たくさんの食材や香辛料を持ってくる。まさかいまの時代に籠を背負ってくるわけでもあるまいが、店舗はなく、その街その街に住む客の自宅で、近隣の南アジア人を集めて店を開くのだという。

次の日、学生たちはそろって弁当を持参した。

「せんせい、私はね、国ではぜんぜん料理しなかった。ぜんぜん。でも、これ(自作の弁当)おいしいよ。私はね、日本で、料理上手になりました。XXXよりおいしい。ずっとずっとおいしい」
XXXは、彼がアルバイトをしていた弁当屋だ。

あの味、と思う味を手に入れるために、人は、さまざまな工夫をする。日本在住の場合、特にムスリムには、食事の苦労が多い。ただしひとくちにムスリムで、だから食事はハラールだといっても、人によって、その解釈は様々だ。豚肉はもとより、その他の肉でもアッラーに捧げられて殺されたもの以外は食べない、という大まかな線はほぼ共通するとして、細部には様々なバリエーションが存在する。

イスラムを国教とするなかでも、世界中でもっとも厳格な国のひとつから来ていた留学生にすら、「正直に言えば、加工食品なら、原材料のひとつひとつを突き詰めて食べられるかどうか検討するなんてことはしていません。人間の身体にはいろいろな栄養素が必要ですよね？　日本の地方に住んで難しいことを言っていたら病気になってしまいますよ」という人もいた。反対に「ゆるめ」のイスラム教国の出身者のあいだにも、個人としては厳格に、すべての食事、間食に豚由来酵素の使用有無を確認している人にも会った。彼女の場合には、ショートニングを使ったビスケットや、ゼラチンの入ったゼリーも、徹底的にだめなのだった。いちど友人に誘われて学食で「素うどん」を食べ、食べ終えた後になって、汁にみりんが入っていたことを知ったそうだ。のどに手を突っこんで吐いたという。みりんにはアルコール分があって、アルコールはハラールでないからだ。その頃はまだ、彼女の在籍していた大学の学食では——そこばかりではなく、日本の大学のほとんどで——ハラール食は提供されていなかった。

そんなムスリムの学生たちが足しげく通うスーパーマーケットが、学校からやや離れた場所にあった。価格帯のやや高いそのマーケットに、野菜やスパイスを求めに行くわけではない。鶏肉だけを買いにいくのだ。なぜか？　ハラール認証のマークのついたブラジル産冷凍肉を売っていたからだ。ブラジル産でハラール？　調べてみると面白いことがわかった。ブラジル政府がサウジアラビア政府と協定を結んでいたのである。サウジアラビアでの安定供給のために、ブラジルでは、ハラールの鶏肉を生産している。どういうルートによるものか、日本にもその一部が出回っている。

もっとも、店長に話をきくと、スーパーマーケット側としては、「ハラールだから」という理由でその鶏肉を入荷しているわけではない、とのことだった。その部位のその価格帯をつねに注文している大口客（レストラン）があるのだそうだ。大量に仕入れ、一部を店頭に出している。それをたまたま、ムスリム留学生のだれかが見つけて、口コミで広まったのだろう。今ではだれもかれもが、そこに行く。

ムスリム留学生との付き合いを続けるにつれて、他にも、いくつかのことを知った。彼らは、鶏肉以外の肉やスパイスは、通信販売で購入していた。当時、日本にあるハラール食品業者は、少なくとも私が話を聞いた学生たちが把握していたのは、バングラデシュ系のものと、インドネシア系のもの、ふたつだけだった。インターネットサイトの言語は、前者は英語、後者はインドネシア語である。


セネガルから来て、学んでいたママドゥさんが、おもしろいことがあったんですよ、と言った。私たちはその時、彼の在籍していたちいさな大学の食堂で、魚定食を食べていた。

「インドネシア語を使っちゃったんです、僕」

「あれ？　インドネシア語できましたっけ？」

私の知るかぎり、彼の言語レパートリーにはウォロフ語（母語）、フランス語（セネガルの公用語）、英語、日本語（少し）があるが、インドネシア語は含まれていないはずだった。

「だからおもしろいんです」と、ママドゥさんは言う。そして、慣れた箸づかいで焼いたほっけの身をほぐしていく。調理場から出てきた食堂の人が、「ママドゥさんこれ食べて。ビタミンとらなきゃ」と、テーブルに小さなみかんを置いた。私の前にも。

彼が「インドネシア語を使っちゃった」という話の経緯はこうだ。バングラデシュ系業者の存在を知らなかった彼は、先だって、インドネシア系業者のハラール食品通信販売に注文してみよう、と決めたのだという。こちらの業者からは、以前、他の大学に在籍していた頃にインドネシア人留学生に誘われて取り寄せをしたことがあった。しかしその際は注文から支払いまで、誘ってくれたその人におんぶに抱っこで世話になった。今回は一人だから、事前に、支払いの方法について確認したい。Facebookを経由して、業者に質問を送った。といっても、インドネシア語の知識はまったくない。

はじめに彼が使用したのは英語である。そこから、一連の、英語・インドネシア語・日本語の入り混じったやりとりがはじまった。原文では、文字はすべてアルファベットだ。ここでは原文のあとに日本語訳をのせ、日本語訳では、もともと英語だった部分には直線を、インドネシア語だった部分には波線を付し、はじめから日本語の箇所は四角で囲む。

① ママドゥさんから業者へ

Hello, I would like to place an order. But I have a question: how about the payment method? Do I have to send the money or pay at the delivery time? Thank you in advance.

こんにちは。注文をしたいのですが、質問があります。支払いはどうすればいいですか。

送金しなければいけませんか。配達時の支払いですか。よろしくお願いします。

② 業者からママドゥさんへ

Hallo...sorry watashi wa eigo dekimasen ne.

こんにちは。……すみません　私は英語できませんね。

ママドゥさんは、当然英語で通じるだろうという目論見のもとに、はじめのメッセージを送った。しかし、戻ってきたのは、「英語がわからない」という返答だった。このメッセージはローマ字書きの日本語だったので、次に彼は、自分も同じ形でテキストを作る。

③ ママドゥさんから業者へ

Gomen ne! Watashi wa hatchuu wo shitai desu kedo, haraikata (payment method) ga wakarimasen. Oshiete kuremasen ka?

ごめんね！　私は発注をしたいですけど、払い方（払い方）がわかりません。教えてくれませんか？

④　業者からママドゥさんへ

GOMEN NASAI... WAKARIMASEN DESU.

ごめんなさい……　わかりませんです。

しかし、返答はつれなくも、そしてまたしても「わかりません」だった。もしあなただったら、次はどうするだろう。ママドゥさんが次に採った策は、自分の言語レパートリーに残っているウォロフ語やフランス語に頼ることではなかった。オンラインの無料翻訳サイトを使い、生まれてはじめてのインドネシア語で、メッセージを送ってみたのである。

⑤　ママドゥさんから業者へ

Halo, saya ingin memesan. Tapi aku punya pertanyaan: bagaimana metode pembayaran ? Apakah saya harus mengirim uang atau membayar saat pengiriman? Terima kasih sebelumnya.

こんにちは。注文をしたいのですが、質問があります。支払いはどうすればいいですか。送金しなければいけませんか。配達時の支払いですか。よろしくお願いします。

⑥ 業者からママドゥさんへ

HALO…CARA BAYARNYA BISA LANGSUNG DIBAYAR KEPADA SOPIRNYA DESUNE.

こんにちは。配達する人に払えます ですね。

⑦ ママドゥさんから業者へ

Hai, wakarimasu! Terima kasih banyak. Aku akan menempatkan pesanan

はい、わかります！ ありがとうございます。注文をします。

⑧ 業者からママドゥさんへ

ONEGAI SHIMASU.

お願いします

何か一つの言語に頼るのではなくて、入手できる資源を手当たり次第に活用してコミュニケーションを成立させることを〈ブリコラージュ〉といい、この言葉はフランス語では「日曜大工」に相当する。「日曜大工」はプロではないが、身の回り、手持ちのあれこれを工夫して、なんとか目的を果たす[26]。

ママドゥさんと業者のこのやりとりは、まさに〈ブリコラージュ〉だ。はじめに、互いの言語レパートリーが想像され、カードを出し合うように相手に合わせた言語の変更（英語→日本語→インドネシア語）が連続して、結局は、典型的な挨拶はローマ字書きの日本語で、重要な情報の交換はインドネシア語で成立した。

ハラール食品は無事に届き、支払いもできて、食生活が安定した、という。「毎日おなじです。昼は学食で魚定食を食べます。朝と夜は自炊です。一日のはじめの礼拝は、誰もいない朝の浜辺で行っています。ストイックですけど充実しています」とママドゥさんは笑う。

3　へりに立つ人

慣れない言葉の世界に生きたことのある人は、そのごく初期に経験した一言を、状況とこみで覚えているのではないだろうか——私にもいくつもの記憶が浮かぶ。

あるとき、ウズベキスタンの町サマルカンドで、木陰の私設チャイ屋にまぎれこんだ。もしかしたらあれは、チャイ屋ではなくて誰かの家か、公民館のような場所だったのかもしれない。というのも、最初から最後まで料金は請求されなかったし、メニュー表みたいなものもなかったからだ。涼み台には、将棋に似たゲームに興じる人たちがいた。茶を飲みながら観察しているうちに、どういうわけか宴会の準備が始まっていた。ぶどうを洗う者、パンを焼く者、そしてひき肉とさまざまな香料と野菜と米を混ぜて、スコップに似た器具で、びらびらした腸に詰めていた男たち。

私はそれを観察し、身ぶり手ぶりで頼んで手伝わせてもらい、大鍋に水を汲んで、窯に置いた。鍋は直径が八十センチメートルはあっただろう。煙がもうもうと上がる。

髭を外側に向けて巻いた男性が、お湯が沸いてから腸詰を入れるのだと教えてくれた。私のゼロに近いウズベク語の知識で〈沸騰〉が理解できたのは、状況と、彼のアクション（両手を上に向けてぱっぱっと開きながら上下させた）と、バハルボホ、バハルボホという表現のおかげだった。

バハルボホ。その表現は、あの木陰のチャイ屋での宴会とこみで、記憶にしっかりと書きこまれた。

またある時は、フランスの田舎町で迷子になり、地図を広げた。フランス語ではまだ、自己紹介もおぼつかない頃だった。土地勘もなくて、地図の中で自分がどこにいるのかということさえ、見当がつかなかった。道をたずねたおばあさんは英語ができず、どうにかこうにか、「ここが地図の中ではどこなのか知りたい」という意図がわかってもらえるまでにも、珈琲一杯を淹れ、飲みおわるくらいの時間はすぎていた。

　ようやく理解してもらえた時にはほっとしたが、あいにく彼女は目が悪かった。地図の文字が小さすぎて読めなかったようで、私はもう、どうすればうまく切りあげて他の人に訊けるかとタイミングを見計らいはじめていたのだが、おばあさんはおもむろにショルダーバッグから携帯電話を取りだすと、どこかに電話をかけはじめた。けれど挨拶をして立ち去ろうとすると、手振りで引きとめられてしまう。そうこうするうちに、彼女の息子と娘と娘の子どもたちが、車でやってきた。向かいの家の二階で見物していた近所の人も下りてきて、ついには総勢八人がわいわい議論し、その時私は、何度も「うさ？　うさ？」という言葉を聞いた。

　その「うさ？」は忘れなかった。後で確かめたら、「où ça ?《うさ》」（ここはどこか？）だった。地図の中での現在地点を見つけようとしてくれていたのだろう。私の中では「うさ」といえばうさぎだから、いまも「où ça ?」を使うとき、うさぎが後足で立って、耳をピンと立てて、「ここどこ？」と自分の位置を探そうとしているイメージが浮かぶ。

　私たちは慣れない言葉をまね、学ぶ。時には、言葉の勉強をしていることを忘れるほど、その言語で生きる。他の何かを達成しようとする。

その「他の何か」は、リアルな生活でも、物語を生きることでも、ドキュメンタリーでも、アニメーションでもいい。いずれにおいても、人は集中し、文脈とこみで言葉を学んでいく。誰かに自分を重ね、その誰かとなった自分を夢想することもある。

中級日本語の授業で、〈想像〉というタイトルの作文を課した。ラオスから来ていた、シパシルバ・カムラさんの文章は、「想像は人間の考えという意味です。それは心のなかで、絵を描くのです」と始まっていた（第一章第1節）。人は心で絵を描く。その絵の具が言葉であるなら、新しい言葉や、古い言葉の新しい使い方を得たことによって、少なくとも描いた本人の、世界は変わっていくと思う。あるいは、読み手――聴き手の言葉も。

そして新たな言語やその言語が使われている文化と、いちど本式に関係を結んでしまったら、もうその後の人生は、無関係では過ぎていかない。ベトナムから帰ってきたばかりの友人が、急にベトナム関係のテレビ番組が多くなったような気がする、と言いはじめた。青年海外協力隊の一員としてペルーに二年滞在した知人は、いまでは会社員をしているが、南米から越してきた人たちの多く暮らす地域に引っ越してしまった。二十年前にタイで仕事をしていた友人は、いまも研究会や調査などで、年に二度はバンコクに飛ぶ。

私は時折、名前も知らない、すれ違っていった、笑いかけてくれた、幾人ものことを想う。それはたとえば、雲南省の山奥で薪を割っていた盲目の青年であり、台北のユースホステルできりんのぬいぐるみを抱えていた少女である。私のなかには彼らとかわしたいくつかの言葉と、その時の風やにおいが鮮やかに残っている。

そしてこれを打ちあけるのは、なぜだか気恥ずかしいのだけれど、視線を交わらせることすらないまま、忘れられなくなった人もいる。

福建省の土楼。子どもや孫が都会に出て行って他に誰も住まなくなった、おおきな自宅のちいさな入り口に坐り、「かならずいつか帰ってくる。だからその時を待っている」と呟いていた老婆。強い日差し、土ぼこり、肉屋の呼び声——近くのあずまやで、売りものを広げていた。

ウズベキスタンのムイナク（Moynaq）。乾いた町のへりにある小ぶりの砂丘には、コウモリが翼をひらめかせて舞っていた。頂上で町に背をむけた体操坐りで、本に頭を寄せあって話しこんでいた二人の少女の背中。

ベオグラード（Belgrade）。サヴァ川とドナウ川の合流する街。合流地点には旧い要塞がそびえ、いまは市民公園として公開されている。動物園やレストランが併設されてにぎやかだが、要塞の先端近く、船でいえばへさきの部分は意外にすいていて、売店もなく静かで、犬を連れた散歩の老夫婦や、芝生で輪になった大学生たちが、思い思いにくつろいでいた。そして城壁に坐ったり寝転んだりしながら、眼下の川や向こう岸の空を見ている、若いふたり。そんなふうに、へりにたたずんだ記憶が、自分のなかにもある。子どもの頃には、階段やしきいの上で、ハンプティ・ダンプティじみて石垣の上で、中途半端な場所で、本を読むのが好きだった。

やがて混乱した思春期がすぎて私にも恋人ができると、何時間でも話し続けられるようになった。若い恋人たちには犬もいないし、まだ子どももいないし、アイスクリームやおしゃれな飲み物だって要らない。だって、話すだけで甘露がしたたりおちてくるように満ちたりて、もっともっと話したい、聞きたい。それでも言葉の途切れる瞬間はあって、目があう。ほほえんで、照れて目をそらし、相手の存在を感じながら、へりにいてその向こうを、流れる川を、交差点で空を、ひろがる何かを見つめる――きっと、あたりに夕闇がおりる頃まで。具体的な場所とか話の内容なんてほとんどおぼえていないけれど、へりにたたずんで何ら憂うことなく、広い世界にふたりただようような、温かく輝く水中を自在に泳いでいくような、あの感覚を、私も確かに知っていた。

ときどき思うことがある。あれからもう二十年以上もすぎたけれど、あの陽だまりで、ぼろぼろの竹の椅子で、今でもあのおばあさんは家族を待っているだろうか。私もいつかそうなるのだろうか。「かならずいつか帰ってくる」という言葉は、自分に言いきかせていたのか、もはや一種のまじないか、それとも一片の曇りなく信じていたのか。

　願いは、かなえられたのだろうか。

4　はじめてのママ友

　冬に子を産んで、次の夏、公園が近くなった。夕食前、天気が良ければ、芝生と噴水のある公園までベビーカーを押していった。仕事を終えて帰宅しても、まだ日の高い季節だった。地面に布をしいて、赤ん坊を寝ころがせる。瞳には空と私が映っていた。

　やや涼しくなったその時間、公園には、たくさんの人がいた。ボール遊びをする親子連れ、サッカーに興じる中学生くらいの集団、ベビーカーを押したり抱っこひもで下の子を抱えたりしながら、ジャングルジムやブランコで遊ぶ子どもを見守る母親たち。絵を描くひと。自転車で通りすぎていくひと。そして、いつ行ってもくっきりと目立つ女性がひとり。

　彼女はいつもスカーフをかぶり、足首まである長い布をまとっていた。一見してムスリムとわかる。身体をおおう布は地味だったが、スカーフはきれいな夕焼け色だった。たいていひとりで、噴水のそばのベンチに掛けていた。私は、じきにその人と挨拶をかわすようになった。隣に坐って、ぽつぽつと途切れがちに、英語の単語を並べて話すこともあった。

そのひとには、三歳から中学生まで、三人の子がいた。名前は、ここでは仮にファヒマさんと呼ぶ。近くの大学に来ている留学生の奥さんだった。アフガニスタンの首都カブールの出身だという（このあたりは、いつも彼女を迎えに来る、夫なる留学生から聞いた。夫のほうは英語が堪能だった）。小学生、中学生の子はそれぞれボールを追って友達と遊んでいた。三歳の子は、バイクのエンジン音を口まねでうなりながら三輪車で走ったり、噴水に跳びこんだりしては、母親のところに戻ってきて抱きついた。

ひと夏をかけて、ファヒマさんと私は、だんだんと互いに慣れていった。三輪車の子は、私が全力で並走すると、きゃあきゃあ言って喜んだ。そんなとき、私の子は、ファヒマさんが見ていてくれた。噴水でびしょぬれになった三歳を私が着替えさせることもあったし、私の赤ん坊が、ファヒマさんの胸で子守唄をうたってもらうこともあった。

スタンとつく国のなかで、ウズベキスタンにだけは、行ったことがある。二〇〇〇年代のはじめ、ウズベキスタンはハイパーインフレで、五十米ドル札一枚の両替を頼むと、何枚、というより、重ねた厚みは何センチメートル、と数えたくなるほどの札束になった。だから財布は使いものにならず、かばんに札束を押しこんでいた。日本円にしてたったの数円で買えてしまったアイスクリーム。パン。地中深く、急角度でおりるエスカレーターの底には、ホールがあった。高い天井。壁には彫刻。〈威風堂々〉という言葉を連想させられた地下鉄の駅とホール。首都のタシケントでは、バザールに行こうとして道に迷った。大通りで通りがかったおばあさんに、身ぶり手ぶりで尋ねると、おばあさんはゆったりとした動きで私の腕をとった。「いいえ、あちらに行くとカザフスタン」と答えてくれた、と思う。私はウズベク語はできなかったけれど、確かに「カザフスタン」と聞こえたたし、私の行こうとしていた方向は大間違いだった。そんなところに隣国の名前が出た。

買いものもした。パン。楽器。人形。そしてあれはどの街だったか、バザールで一枚のドレスを買った。足首まである、ゆったりした長いドレスは、いまファヒマさんが着ているのとおなじ形だ。それぞれの店が屋根代わりに簡素な布を空に広げる炎天下のバザールで、何枚もためした。そのうちの一枚を、胸にあてたとき、店の人は、私がウズベク語を理解できないと見るやロシア語に切り替えて「クラシーヴァヤ」と言った。私にはロシア語だってほとんどわからない。でもその言葉はおぼえていた。「きれい」。その後、滞在中はそのドレスばかりを着ていた。青の都サマルカンド。王族の墓がつらなるブハラ。乾いて白く塩をふく道の果てムイナクで、砂漠に座礁した船。地に明かりの見えないなかで、崩れ落ちてきそうな星空。

帰国後、そのドレスは日本の湿った空気のなかではあまりにも派手に感じられて、一度しか身につけていなかった。大学院生だった頃だ。それを着て新宿を歩いた。すれちがいざまに、彫りの深い顔立ちの女性が、知らない言葉で挨拶をしてくれた。多くの層が重なっているのが都市の魅力で、そこに新宿の、ふだんの私が経験できない地層がちらりと見えた。その日、私は、リトアニアから留学していた友達を誘っていた。

「日本語も英語も、わからないことにしよう」

「どういうこと?」と彼女は尋ね、「ばかじゃないの?」と笑っていたが、結局は大きくうなずいた。彼女の言語レパートリーと私のそれとで、重なるのは日本語と英語だ。しかし、私たちは、どちらも一切わからないふりをした。カフェでも雑貨店でもおしゃべりを続けたが、それは自分たちでも意味を決めていない音を、それらしく並べたものにすぎなかった。

店の人たちはちょっと慌てて、手まねや写真、実物を見せるなどして対応してくれた。なかには、私たちの話した言葉を、その場で使いはじめた人もいた。こんな具合に。

私：ロコ　カフェオレ　ヨーイ？（メニューブックの写真を指しながら）
店員：カフェオレ　ヨーイ　カフェオレ　ヨーイ（同じくメニューブックの写真を指しながら）

その新宿の折以来、十数年ぶりに引っぱり出したドレスは、いま生活している山口の街では異様に目立った。すぐに目を逸らす人がほとんどだったが、驚きのあまりか、立ち止まってしまうおじいさんもいた。

公園に入って、いつものベンチに近づくと、ファヒマさんの目が大きく見開かれ、立って、迎えてくれた。早口で何か言う。たぶんそれは、パシュトー語（アフガニスタンではメジャーな言語のひとつ。ペルシャ語系）なのだけれど、でも私には、まったく意味がとれなかった。彼女は一呼吸おいて、考えて、それから大きな笑顔になった。英語で、

「ビューティフル」と言う。

「manana」（ありがとう）を返す。ファヒマさんと会うようになってから、インターネットで調べて覚えた、たった数語のパシュトー語知識がようやく使えた。

山口は盆地で、夏は暑く冬は寒い。その夏も、ずっと暑かった。日なたにいると、肌が焦

げそうに感じる日々が続いていた。長い一日の終わりにようやく日が陰りはじめる頃、ファヒマさんと会っては、時折、ぽつぽつと言葉を交わした。私はリラックスしていたし、ファヒマさんもくつろいでいるのが感じられた。たった一度、短い時間だけれど、彼女がスカーフを外していたこともある。柔らかそうな長い黒髪が、黄昏時の風に揺れる。

「あつい、ね?」日本語で、ちょっと自信がなさそうに言う。

私たちは並んで、それぞれの水筒からお茶をのむ。

ベンチのそばの低いところで、赤とんぼが輪を描く。夏が終われば、彼女の夫が学位申請論文を提出することは決まっていて、それは一家の帰国も意味していた。ファヒマさんと私は、公園の外で会うこともなかったし、たがいに連絡先も知らない。

でも、彼女は、私のはじめてのママ友だった。

赤とんぼが舞いあがる。梢をかすめていく。

5 あなたに平安がありますように

今年も、センター試験の監督をした。米軍基地のある街で、二日間ビジネスホテルに泊まり、早朝から会場に移動して、夕方まで一歩も外には出なかった。

試験監督が話す言葉は一言一句決められていて、読みあげるべき文書と注意事項が、ぶあつい冊子に綴じられている。たった一語多くても少なくてもだめだという。個々の教室に三人の監督が入り、遅滞なく過不足なく読みあげが行われているかどうか、互いをチェックする。換気は「条件を同一にする」ために、全校で一斉に窓をあける。公平さへのマニアックな執念がそこにある。カーテンはきちんと閉められているか、隙間はないか、一語でも英語が書かれた服を着ている受験者はいないか。もしもいたら、試験場本部へ連絡だ！　至急、対応について指示を仰げ!!

試験中は、もちろん内職どころではなかった。私物の持ち込みはできない。たいてい、私は頭のなかで、回文をつくっていた。

〈断髪ぱんだ〉とか、〈檀家で噛んだ〉とか。〈いま、ウガンダ岩手、猥談がうまい〉とか。

そんな気晴らしはあったが、それでも、夕方になる頃には神経が疲弊した。試験監督用のバスでビジネスホテルに送られ、これでようやく明日の朝までは自由時間である。この街には、行きつけの食堂がある。ピンク色のちらしがべたべたと貼られた路地を抜けて、センター試験の日には、毎年この店に通っている。

午後六時。食堂のシャッターは開いているが、店は暗い。ちかくの喫茶店でたずねると、店主が「じきに開店するよ。でも近頃はフィリピン人は減ったね。残ってるのは、あと何か所かだけだ」と言う。店主も客も、しきりに県知事選の話をしようとする。この店では、コーヒーだけでなく紅茶もサイフォンで淹れる。テーブルまわりの飾りは賑やかでとりとめもない。ぬぐわれていない埃。隅には蜘蛛の糸が張る。ラジオで、爆風スランプの〈ランナー〉が流れている。

しばらくして喫茶店を出ると、目的の食堂が開いていた。店の人におすすめを尋ね、**NILAGANG BAKA**なるものを注文した。

若い女性が入ってくる。「おはよ」と店の人に挨拶して、おしゃべりがはじまる。やがて「バイバイ」と出て行くが、「おはよ」と「バイバイ」のあいだは、日本語ではない。英語でもない。

次に入ってきたのは、五十がらみの男の人だ。青に白の線が入った、古いジャージを着ている。

「ぽんちゃん、おはよ」と働いている女の人が声をかける。

「おはよ、ミラちゃん」

こちらは日本語で会話が続いた。大家の電話番号教えてよ、とぽんちゃんが言う。つけっぱなしにされたテレビには、日本語字幕の入った、フランス映画が映っている。石造りの建物がつらなるパリ。豪奢なレストラン。

「これ、フランス語?」とぽんちゃんが言う。でも、だれも返事をしない。

「そうです」私は、口をはさんでしまう。

「あんたわかるん」と、ぽんちゃんは言う。あんた、と、すごくふつうに。

私のNILAGANG BAKAが運ばれてくる。塩コショウくらいのシンプルな味付けだ。厚く大きく切った牛肉のかたまりが入っている。

ぽんちゃんは何も注文していない。店の人たちは料理をしたり、大声で電話をしたり。料理は大皿や大きなボウルに盛られては、ぽんちゃんのテーブルに運ばれていく。やがて、店の人たちがぽんちゃんとおなじテーブルを囲む。食べはじめる。「ぽんちゃん、塩とって」と聞こえる。

映画も続いていた。映画のなかのパリ。レストラン。真っ白なテーブルクロスと、輝くたくさんのナイフ、フォークとグラス。

私はまわりを見まわして、ここ嫌いじゃない、と思う。風が通っているような感じ。派手なフルーツの絵の描かれた、ビニール製のテーブルかけ。〈インターネット15分200円〉と手書きの紙が貼られたパソコン。〈KDDI CARD AVAILABLE HERE〉の表示。

やがて、ミラちゃんに「ありがとうございました」と送りだされ、ビジネスホテルに帰ってねむった。夢は見なかった。

センター試験二日目終了。午後七時。こんばんはー、と入ると、カップル一組と、赤ん坊に小さな子どもを連れた家族連れが食事をしていた。今夜のテレビは日本のドキュメンタリーを流していて、でもラジオもついている。ラジオは歌番組だ。

今日のおすすめはPINAKBETだという。「茄子とかぼちゃと、インゲンとおくら、豚肉がはいってるよ。日本の肉じゃがみたい」ミラちゃんが言う。後ろのテーブルでは、カップルの会話は英語だ。ラジオの歌は、タガログ語なのだろうか。英語のパートもあるけれど、大部分は聞き取れない。

ぽんちゃんが入ってくる。ミラちゃんが、「ぽんちゃん今日たべた？　ぽんちゃんジュースなにのむ？」と世話をやきはじめる。

PINAKBETは、どこかの家の、お客さんがいない日の、普段のごはんっぽい味だった。

壁には、一年前に来たときと変わらない、陽気な黄色の紙飾り。フィリピンからの輸入食品が置かれた一隅。

なんでこの店にばかり来ちゃうんだろう。この街にだって、選択肢はいくらもあるはずなのに。でも、ここのなにかが、私を惹きつける。

「あんたこの街に住んどるん」とぽんちゃんが私に訊く。

「一年に二、三日だけね」いつか、私の口調もこの店の調子に染まっている。米軍基地の関係者らしき服装の人が数人入ってきて、店の隅の一角を占める。ミラちゃんが私の真向いに腰かけてにこっと笑う。

「おいしい?」

「うん、おいしい」

「**PINAKBET**はね、夏は、ゴーヤをいれるよ。夏にも来てよ」

家族連れが支払いを済ませる。サラマット、とミラちゃんは言い、子どもにジュースの缶を一本持たせてやった。ここでは、サラマットは、「ありがとう」という意味らしい。インドネシアやマレーシアでは、サラマットは挨拶だった。平和、安全、平穏という意味だと聞いた。

英語を話すカップルが店を出ていく。その背中に「Thank you very muuuuuch ~. Good

niiiiight～」と声がかかる。

やがて私が帰るときにはこうだ。

「ありがとー。気をつけてねー」

きのうと違ったな、と思う。なんとなく嬉しい。外の人通りはあまりない。雑居ビルの外階段をおりたところで男が携帯電話を握り、「女の子待ってるんだから、時間守ってくれないとね！」と、どこかの誰かを責めたてる。見あげると、夜空にからまった電線のあいだに、ひとつだけ星が見える。

サラマット、と私はつぶやいてみる。

6　風をさがす――二〇二〇年

＊新型コロナウイルス感染症（COVID-19）は、二〇一九年十二月初旬に中国武漢市で一例目が報告され、日本国内では二〇二〇年の一月十五日に初めて検知されました。本節は世界的なパンデミックの中、制限されていく日常を感じながら、山口で過ごした日々の日記です。

インドネシア語には、「風をさがす（Cari angin）」という表現があり、これは、そぞろ歩きに出る、といった意になるという。

二月某日
自宅から坂をおりてすぐの仁保《にほ》川では、数年前に、水が堤防からあふれそうになった。この冬の工事では草を刈り、木の棒をたてて掘る位置の目印をつけ、川底の泥をショベルカーですくいあげて山にしていた。
ショベルカーの掘削で地形が変わり、新しくできたちいさな三日月湖のような池には、橋からは遠くて見えないが、はじめのうちは小魚が群れていたらしい。水辺には白鷺が四羽も五羽もならんで、宴会をひらいていた。少し離れたところに、青鷺もいた。

その珍しい冬のごちそうを、もう、でも、ほぼ食べきったのかもしれない。今朝、鷺たちは三日月湖に見切りをつけたのか、すでにその場所をはなれていて、鴨は群れをつくってゆったりと、こたつにでも入っているかのようだった。

川の中ほど、少し高くなったところで、鵜が、つばさをひらく。凍りついてしまったのじゃないかと心配になるくらい、長いこと、広げたままで動かない。

自転車をとめて、しばらく見ていたが、人工物じみてくるほどあまりにも微動だにしないので、出発してしまった。

二月某日

水族館が大好きな息子が休館中も好きという想いを繋げられるように、自作の「オクトバス」というお話を語りながら自分もねむる。オクトバスは、蛸のバスだ。お話のすじは、基本線としては、とてもシンプル。海の底に、まだ空を見たことがなく、海の上の世界にあこがれる、ちいさな生きものの子どもたちがいる。まきがいの「きみちゃん」や、かくれくまのみの「のんちゃん」、ちんあなごの「ちんちゃん」たちだ。その子たちが、オクトバスの助けをかりて、はじめて海の底をはなれ、冒険をしながら空を見にいく。サイドストーリーとしては、ほたるいかの群れで生きる「ピカリ」や、いそぎんちゃくの「ぎんちゃん」が出てくるお話がある。

「きょうは、せんすいかんが出てくるの！」

「でも（潜水艦に）ふまれないの！」

「こわいのでてこないで。こわいのださないでね」と、息子はせがむ。

こわいの、というのは、いたちざめ、みのかさご、うつぼ、ほおじろざめなど、オクトバスに乗りこんだちいさな生きものたちに害をなすかもしれないもの、だ。

息子には伝えていないけれど、オクトバスの話には、かくれた設定もある。

「おじちゃん」と、お話のなかの子どもたちが呼ぶとおり、オクトバスはみんなオスだ。メスはいない。それに、実は毎回異なるおじちゃんなのだ。というのもこれは、生涯に最初で最後の生殖行為を終えたオスだから。あとはもう海面に浮上し、ただよい、亡くなっていくタコのオス。自分の子どもを見ることもなく。

だから、オクトバスのおじちゃんは、子どもたちを食べない。

二月末日

安倍首相は、明後日の三月二日から、全国小中高の一斉休校を「要請」した。市内の小、中学校はきのうからすでに、午前授業になっていたのかもしれない。十一時頃に家を出て、仁保川の脇の道で中学校の制服を着た女の子と男の子が、いずれも自転車に乗ったまま、おたがいだけを見ながら言葉を交わしているのを見かけた。手は、のばせばとどく距離で、でも、互いの体に触れることはなかった。そこまで一緒に帰ってきて、それが日常で、でもいま離れたら次は……という切迫感が感じられた。政府がなるべく家から出ないことを勧めているから。家族以外の人と顔をあわせないよう言われる状況だから。このまま春休みになり、もしかしたら次はもう、別々の高校だから。

あのふたりは、もしかしたら、言葉よりもまなざしが、ものごしが、自分と相手のあいだに感覚を行きかわせる体験を、はじめて得たのかもしれない。

帯広市の帯広厚生病院は二十八日から休校解除まで外来診療を停止した。臨時休校により、職員全体の二割強が出勤できなくなったため、という。

三月某日

これほど雨が降りしきる日には、早く起きることが難しい。世界に雨が降りこめる。目覚ましをかけないでねむると、起床時刻は七時近くになっている。普段は五時台からボールのように跳ねている犬も、こんな時間になってからやっと、私のねむる部屋の扉にアタックする。

夫も、息子もねむっている。

幼稚園のある日なら、もう起こす時間だけれど、きょうは、このままでいい。

静かな朝に。

雨の音があるのに余計、静かな朝に。

三月某日

マスクと手紙、絵を千葉の両親に送るために、息子と「おててつないで」散歩に出る。

「これなに？　おはなさいてる」

「これは、おおいぬのふぐり」

「あれも！　むらさきの」

「あっちは、からすのえんどう。むこうにいっぱい咲いてる黄色いのは、菜の花。もう春の花が咲いてる」

「もう春？　春なの？」

「うーん、ほんとはまだ、もっと寒くてもいいんだけどね」

この冬は、冬にしてはずいぶん、暖かかった。いちどだけ雪が降ったけれど、そのときにはもう梅の花がそこらじゅうで咲いていた。

風がでると、梢にのこった雪と梅の花びらが舞った。


仁保川の浅瀬には、指ほどの鮎や鮒の稚魚が、数百匹の群れをつくっている。うろこが黄色くにごった、巨大な鯉が、ゆっくりと泳ぐ。ひれが時折、水の上に出る。孵化して間もない稚魚たちは、鯉から一定の距離をとるように、はじけるように広がって、鯉が進むにつれて形をかえる円をえがく。

「おさかなさんも、ようちえん、おやすみだよ」と息子が言う。それから、空を見あげて、

「きょうはおそらに、くもがない。まるいのもしかくいのも、ぜんぜんない」

私たちは橋をわたり、郵便ポストに手紙をだして、むかいの店で、茎ブロッコリと、かぶと、かきもちを買ってかえる。「おやつはこちら〜♪　かきもちこちら〜♬」と、うたいな

がら。

三月某日

毎朝、起きると何をするよりも前に、前日の感染者数と死者数の情報をさがす。日中も何度も、見てしまう。更新されているはずもないタイミングでも、何度も、何度も。息子は、幼稚園のことを話さなくなった。「おやすみだよ」とさえ言わなくなった。

四月はじめ

仕事をやすむ。

補助輪つきの自転車にのった息子と出発。周防往還自転車道から山口秋吉台自転車道をたどって、河川公園まで行った。途中、三度のおやつ休憩やもっと多くのお茶休憩、一度の足湯休憩をはさんで、合計七キロメートルほど。全行程を、ちゃんと自転車で行くことができた。

途中、鴨、白鷺、青鷺、鶺、雉、鳩、すずめ、それに名前のわからない鳥を見た。

「ぼうけんだね」と息子が言う。

「冒険だね」と私も言う。

私たちは「ぼうけんだね」と繰りかえして、笑う。

川の水が澄んでいることに、山に桜の群生がのぞめることに、なだらかな丘と手入れされた河川公園の美しいことに、魅入られてしまう。

その一方で、息子と他人との距離がすごく近いことに――「おかぜのひと」が近くにいるかもしれないのに――躊躇なく近づいて話しかけ、そこらで拾った棒だの葉っぱだのをやりとりをする姿に――私の心は何度も、警戒警報を発している。

四月末日
このわざわいが、私のなかの何を変えただろう。三月はじめから、出張が続けざまにキャンセルされていった。浮き足だった。留学生には強制帰国の指示が入り、仕事上での連絡が異常に増えた。なにかとても不吉なものが、這い寄ってくる、と感じていた。虚脱したような時期が来た。息子と楽しく遊んだ。気が短くなった。毎日のように庭に出て、自宅の庭にミントや鈴蘭があることを、はじめて知った。丸まっていただんごむしがもぞりとグレーの脚をひらくのを電子顕微鏡で間近に見て、悲鳴をあげた。あたらしい言葉が、日常になった。「さんみつ」なんて、ついこのあいだまで存在しなかった。古いと思っていた言葉が、また、使われるようになっていた。「疎開」は戦時だけの表現のはずだった。

ふと気になって、フランスの新聞記事を検索すると、そちらにも――死者数、感染者数が多いから、なおさらなのかもしれないが――戦時のにおいのする言葉が、いくつも、目についた。hôpital de camping（野営病院）、rationnement（配給制度）、そして coûvre feu。最後の coûvre feu は、直訳すれば「覆いをかけられた灯火」で、灯火管制そのままだけれど、さすがに明かりを消せということではなく、夜間の外出禁止令だという。夜間だけでなく、常時外出を禁じる時には、confinement total というらしい。confinement は、これも最近見慣れてしまった言葉だが、改めて辞書を引くと、閉じこめること、閉じこもること、監禁、拘禁、幽閉、独房監禁、とあった。

五月某日
ドラッグストアも、野菜を置いた道の駅も、入店制限をかけている。レジには透明なシートが張られている。お金も、手での直接の受け渡しはしない。
帰り道の車のラジオで、「これから来るのは、だれも経験したことのない夏」という、アニメか漫画のタイトルにでもなりそうな言葉を聞く。

五月某日

牛乳をきらしてしまう。奇妙なことに、そんなちいさなことに動揺する。仕事中に、実際にはたぶん十秒、十五秒くらいの、みじかい夢をふたつ見た。

ひとつは音だけで、こんなふう。

「メキメキが崩れ落ちたあとから、ビキビキが生える」

もうひとつはイメージが見えて、感情が流れこんできた。

私はちいさな薄みどりいろの甲虫で、木のうろで、うたたねをしている。春のあたたかい光が、うろの上のほうや、木の皮にあいたすきまから射しこんでくる。頭はぼんやりとしていて、そろそろ起きなくちゃ、と思うけれども、このあたたかいなかで、まだ、腕や触角をのばしはじめることができない。

六月某日

森のなかで子どもと活動する、という団体が開催したイベントに参加して、梅をもぎ、玉ねぎを引いた。谷戸と森との境目ちかくに建つ民家からは、森とせせらぎ、湿地、畑がみえた。この団体のイベントに参加するのは、ほとんど半年ぶりだった。子どもたちはぐんぐん歩き、だれかが走ると、糸に引かれたようにみんなが走りだし、棒をひろい、落ちていた木の実をひろい、花の蜜を吸った。

この朝、私が子どもたちにもらったものは、石ころ、道ばたのうす黄色の花（「夜になると、光るんだよ」）、野いばらの棘をいくつも。棘だけの贈り物に戸惑っていると、年長の子が、「こうやって遊んだらいいよ」と、棘の折りとったところを舐めて、鼻につける。

「トリケラトプス！」

「つの！」

子どもたちが笑い、つぎつぎに手がのびる。

私も棘をひとつとり、自分の鼻に、それから息子の鼻に、つのを生やした。

そのとき、わあっとむこうで歓声があがり、つのを生やしたままの子どもたちが、走っていった。

ひとりの子どものてのひらに、だんごむしが載っている。

あおむけた腹が、うす黄色の花粉を抱え込んでいる——と、それが、花粉ではなく卵であることに、自分が見ているのが、だんごむしの孵化であることに気づく。幼虫たちが、母親が腹にかかえた卵から産まれでるところで、母親は体を丸めたり広げたり、脚をバタつかせて、子どもを送りだそうとしていた。

人間の子どもたちが、その上から親たちが、額をつきあわせるようにして、バタークリーム色の、だんごむしの赤ちゃんを見つめる。

「珈琲のまない？　魔法びんで、持ってきたの」

肩をたたかれて、ふりかえると、息子と同じ年頃の子を持つ女の人だった。谷戸を見下ろす庭のへりに、椅子代わりの丸太を転がす。

「風をさがしていたらね、ここにたどりついた。いい風が吹きぬけるよ」と彼女は言う。

少し、ためらう。それから、自宅以外ではこの数か月間ずっとかけつづけていたマスクをとる。

ありがとう、ともらったカップを両手で包み、珈琲を口にしながら気づく。家族以外の人と、直接に口に入れるものを分け合ったのは数か月ぶりだった。いくつかの記憶が風に吹きあがる。ベオグラードの大ぶりなコーヒーカップ、チャナッカレの真紅に輝くチャイ。サマルカンドで飲んだ、くるみの浮かんだ薄い珈琲。どれも、ほとんど知らない人にもらったり、知らない人と分け合ったりした飲み物だった。私をずっと惹きつけてやまないものは何なのか、ようやくわかったような気がする。

――見知らぬ他人への、他人からの、基本的な信頼感。言葉を交わし、微笑みあって、そば近くにいることの楽しさ。人生に吹きいれる風。

どの空にも月はかかる。

注

（1）竹内浩三（2001）小林察編『日本が見えない——竹内浩三全作品集』藤原書店。

（2）ただし、ずっと後になって、日本最大の日本語辞典である『日本国語大辞典』で調べると、「猛力」は存在した。「非常に強い力」「猛烈なエネルギー」を表すものであり、『米欧回覧実記』（1878）中に「三は猛力の器械を運用する製作場は、輪響槌声の言語を乱らすによる」と書かれているという。

（3）エラ・フランシス・サンダース（2016）前田まゆみ訳『翻訳できない世界のことば』創元社。

（4）王超鷹（1996）『トンパ文字——生きているもう1つの象形文字』マール社。

（5）村治笙子（2004）『古代エジプト人の世界——壁画とヒエログリフを読む』岩波書店。

（6）1989.11.9. 参議院外務委員会、吉免光顕（労働省職業安定局外国人雇用対策室長）による発言。

（7）「日系人」およびその子どもたちへの日本語教育に関する課題は、各地の「外国人集住地域」で問題が起こってから、後追い的に議論されはじめた。しかし、この入国管理法「改正」の前年一九八九年の法務委員会においては、「日系人」に関しての議論は、まったくなかったことが、山下仁（2006）「共生の政治と言語」植田晃次・山下仁編『「共生」の内実——批判的社会言語学からの問いかけ』三元社によって指摘されている。拙著（2014）『戦後の国家と日本語教育』くろしお出版（p.218）では、同年の文教委員会の記録においても、南米「日系人」の子女教育に関する議論がなかったことを述べている。

（8）調べてみて、実はමは[ma]を表すわけではなく、[m]のみを表し、そこに何もついていなければ自動的に[a]を加えて発音する、と捉えられていることを知った。しかし、実際的にはම＝[ma]として何ら支障はきたさないはずだ。なお、こうしたタイプの文字体系は、アブギダという。スリランカのもうひとつの国語タミル語やインド北東部のアッサム語などの文字体系も、同様の特徴を持っている。

（9）後になって、中国語では普通これを「绵羊云（綿羊の雲）」「棉花云（綿花の雲）」と呼ぶことを知った。「豆腐渣云（おから雲）」は、おじさんのオリジナルだったのかもしれないが、中国は広いから、あるいは、このように呼ぶ地方もあるのかもしれない。

（10）カミュによるこの発言は、エリック・リード（1993）伊藤誓訳『旅の思想史――ギルガメシュ叙事詩から世界観光旅行へ』法政大学出版局（原著Eric J. Leed, *The Mind of the Traveler: From Gilgamesh to Global Tourism*［Basic Books,1991］）p.1に記されているものを引用した。

（11）Albert Camus（2005）*L' étranger*, Gallimard, folio. p.21より。（原著はEdition Gallimard, 1942）日本語訳の引用は、窪田啓作訳『異邦人』（新潮文庫）から引用した。

（12）ハインリッヒ・シュリーマン（1976/1954）村田數之亮訳『古代への情熱――シュリーマン自伝』岩波書店（p.26）

（13）「て形」について。日本語教育用語になるが、「て形」とは、日本語の動詞活用形のひとつで、とても重要で、初級の最初の関門と言える。「て形」が使えるようになることで、「書いて（ください）」「話して（みます）」「買って（おきます）」「坐って（います）」など様々な意図や状況が表現できるようになる。

（14）彼とそのせりふについては、すでに、山田奨治編（2017）『マンガ・アニメで論文・レポートを書く――「好き」を学問にする方法』（ミネルヴァ書房）内のコラム（山本冴里「『せんせい、ちょっと待っておれ！』――マンガ・アニメに牽引された日本語学習」pp.263-265）で論じたことがある。

（15）もちろん「イタリア人男性」がイタリア語を話すとは限らないし、インターネット上には言語パートナーを見つけるサイトもいくつもある。そこでは母語・熟達言語の異なるふたりがペアになって、互いの言語学習をサポートしあう。費用がかかるわけでもない。そういう点から見れば「イタリア人男性のskypeでの連絡先」につられて服を買うというのは愚かな選択でしかないが、少なくとも「そこに具体的な名前と顔を持った誰かがいる」という状況を得ることに限って言えば、それは言語学習において有効だ。

（16）この時のチョムスキーとフーコーのやりとりは、現在、インターネット上の様々な動画サイトで公開されているほか、Noam Chomsky, Michel Foucault（2006）*The Chomsky-Foucault Debate: On Human Nature,*

New Press. で読むことができる。

（17）先生の名は中間晋一郎先生。私の卒業した高校では、「羅生門」や「こころ」はこってりたっぷり精読するのが伝統だったようで、近年では、三宅義藏先生が『「羅生門」55の論点』（大修館書店）を上梓されている。本文中に引用した疑問への答は、三宅先生の本で確認できる。

（18）後になって私は、娘と「嗜好がそっくり」だというカトリーヌの夫にも話を聞いた。彼はほんとうに娘をいつくしんでいるように見えた。「あの子も本当は知ってるんだ」とその夫は言った。「実の母親は飲んだくれだったし、父親はいつも母親のことを殴っていた。そういう家だったんだし、あの子にもそれはわかってる。あの子にとって父親というのは、殴る存在だった。だから僕らが付きあって、そうじゃないって、時間をかけて、理解してもらえたらと思ってる。わかってもらえてきたんだよ、数年をかけて」。私は個人レッスンをしていた頃に、時折、カトリーヌからマダガスカル土産をもらっていた。キャッサバで編んだ美しい袋や、濃い味のチョコレート。あれは、費用と時間とエネルギーとをかけて、娘とマダガスカルとの縁が切れないようにしていたのだということを、私はずっと後に、この原稿を書いているときになってはじめて意識した。

（19）ブレイス語は、この地方の言語であり、フランス語とは全然違う。ゲール語系の言語だから、比較的近いのはアイルランドの言葉だ。フランス語よりも有声音が多く、つまりカタカナにすれば、ガ行やザ行の発音が多く感じる。私には、柔らかでまるみを帯びたフランス語に対して、激しく鳴る海のようなブレイス語というイメージだった。日本でいえば、アイヌ語の立場に近いかもしれない。

　ブレイス語もまた、アイヌ語と同様に中央政府から虐げられた歴史を持つ。フランスの国語はフランス語である、と憲法にも記す同国では、中央集権による一国一言語のシステムが長く続いた。しかし共同体としてのヨーロッパの政治的な成立によって、幾らか情勢が変わり、フランスは、一九九九年、欧州評議会の「欧州地方言語・少数言語憲章」（**European Charter for Regional or Minority Languages**）に署名した。そのことに関わる人々の動きや変化については、たとえば鶴巻泉子（2010）「少数言語と「新しい地域主義」をめぐって——ブレイス語の場合」『言語文化研究叢書』Vol.9 名古屋大学大学院国際言語文化研究科 pp.173-186を参照されたい。

(20) シュタージ（Stasi）は、ドイツ民主共和国（東ドイツ）の国家保安庁のこと。秘密警察・諜報機関の役割を担った。ドイツ語では Ministerium für Staatssicherheit となる。Stasi と略称された。彼らは徹底した監視体制を敷いた。

(21) Solidarność（ソリダルノシチ）はポーランドの独立自主管理労働組合「連帯」のこと。ポーランドの反共・民主化運動において、大きな役割を担った。本文中の「ソリダーノッシュ」は Solidarność のドイツ語読み。

(22) 当時の東ドイツでは、国を出る旅行は許可制だった。西側諸国への旅は普通許可されなかったが、インタビュー中にもあるように、東側諸国への旅行は比較的容易だった。そこで東ドイツの人々が、ハンガリーに入り、ハンガリーからオーストリアとの国境を越えることを目指した東ドイツの人々が、ハンガリー・オーストリア間の国境にあふれるようになっていった。ハンガリーの民主化を求める勢力の支援を得て一九八九年八月十九日に、ハンガリーとオーストリアとの国境にある町ショプロン（Sopron）で、汎ヨーロッパ・ピクニックが開かれた。集まりの名目は民主化フォーラムを求めるものであったが、挨拶が終わるか終わらないかのうちに、人々は国境を超えはじめたという。ハンガリーの内務省は予め国境のゲートの内の一つを開放しており、国境警備隊は、上層部から事態の黙認と武装の禁止を命じられていた。そればかりか警備隊の中には、人々の国境越えを手助けする者もいた。この汎ヨーロッパ・ピクニックは、後にベルリンの壁の崩壊に繋がる大きな出来事になっていった。

(23) 本書の出版時点では、かずみさんの訳書の数は七冊に増えている。『犬のラブダとまあるい花』（原題 *Labdarózsa*、冨山房インターナショナル）、『とんぼの島のいたずら子やぎ』（原題 *A szitakötők szigetén*、偕成社）、『ふたごのベルとバル』（原題 *Bertalan és Barnabás*、のら書店）、『もりのたいしょうは　はりねずみ』（原題 *A nagyhatalmű sündisznócska*、偕成社）、『こぶたのレーズン』（原題 *Mazsola*、偕成社）、『こぶたのレーズンとおともだち』（原題 Mazsola、偕成社）、『ベッドの下のぼうけん　ヤカブがみつけたもの』（原題 *Mit keresett Jakab az ágy alatt?*、ワールドライブラリー）。

(24)「て形」については注13参照。日本語母語話者は、日本語教師としてのトレーニングを受けていなければ、この「て形」について明示的に学習する機会はない。そのため、たとえば「ごばつ」という新しい動詞があったとして、「ごばってください」と活用はできるが、なぜ「ごばいてください」「ごばんでください」などではないのか、ということの説明ができない。「と、ば、たら、なら」について。これらは、相互に代替可能であるように感じられがちだ。しかし、たとえば「彼女に会ったら、自分の気持ちを伝えたい」と言うことはできるが、「彼女に会えば、自分の気持ちを伝えたい」は非文だし、「春が来ると桜の花が咲く」とは言えるが、「春が来るなら桜の花が咲く」は変だ。母語話者は、実は、これらを使い分けているのだが、意識している人は少ないだろう。

(25)「歌う革命」(一九八七〜一九九一)は、エストニア、ラトビア、リトアニア(バルト三国)の独立運動総称。二〇〇万人を超える人々が手をつなぎ(人間の鎖)、おなじ歌をうたうことが、独立への大きな力となった。

(26)東京都立大学の松田真希子教授は、このような多様な言語文化のコンタクトゾーンを「汽水域」と呼び、「汽水域」を照射する学術的な概念として、ブリコラージュ(広義・狭義)、コラージュ、モンタージュを挙げている。詳細は松田真希子(2023.7.15)「日本語の汽水域—南米日系人の言語使用特性と使用意識から見えること—」(首都大学東京・東京都立大学日本語・日本語教育研究会第16回研究大会)。

あとがき

先日、一時帰国中だった内川かずみさん（第三章第3節）と東京で会って、シャン料理を食べ、長い散歩をした。都心の植栽の細い樹々も秋に染まりはじめる夕暮れに、お酒も飲んでいなかったのに、言語について、言葉について、それが自分にとってどういうものなのかということについて、真剣な話になったのだった。

比喩が助けてくれた。

私は日本語の樹の下で生まれ、その樹の葉っぱを多く持つようになったけれど、見あげてみると近くにも遠くにも、ほかにも見渡す限りいろんな樹が樹冠を広げている。形も色もとりどりの葉が、風が吹くと、幾らかは落ちてきたりして、追いかけたい、拾いたい。あれも、これも綺麗と思う。手にした葉っぱを、たまたま出会った誰かに渡す。

ところで、途切れ途切れに書きついで十年かかったこの本は、最後のタイトル決めまで難航した。「そういえば猫さえも国がちがう」「ぶらごだりや」といった章題を使う案、言語の等価性を前に出して「それが何語であっても」とする案、「口を出て耳から入るものと」という、なぞなぞのような案。最終的に決まった『世界中で言葉のかけらを』には、たぶん、そのあとに様々な動詞を入れることができる。この広大な森のあちこち――といっても本書に描いた場面はユーラシアばかりだったけれど――で、見つけたり、拾ったり、もらったりした葉っぱは、私が歩く道で腕からこぼれれば、土に還っていく。

それが樹の養分になったらいいなと思う。

日本語の樹に私の知らなかった色を見せてくれた人たち、親しんだ樹の物語を聞かせてくれた言語教師の仲間たち、よそものの私に葉っぱを差し出してくれた人、ありがとう。私はどの樹も好きだった。

樹々のうえの空には、ひとつの同じ月がかかるから、それは私の森であり、あなたの森であり、私たちの森であると感じる。

なかなか出版にたどりつけなかった原稿の価値を信じ、道を繋いでくれた編集者の辻村厚さんに感謝している。筑摩書房の松田健さんにも。そして、まだ見ぬ読者のあなたに。この本を手にとってくれてありがとう。
本書の装画は、絵本作家の降矢ななさんによる。子どもたちも私も大好きな降矢さんの絵と一緒に本書を出すことができてとても嬉しい。描かれたのは木漏れ日のさす暖かい世界で、絵のなかの私（でもあり得る女性）は、このままどこまでも歩いていけそうだ。

山本冴里

二〇二三年六月二十一日

山本 冴里 やまもと・さえり

山口大学国際総合科学部准教授。日本およびフランスの複数の教育機関を経て現職。早稲田大学で博士号（日本語教育学）取得。日本語・フランス語（・英語・中国語）で研究活動を行っている。専門は日本語教育・複言語教育。とくに興味のある概念は「境界」と「周縁」。著書『戦後の国家と日本語教育』（くろしお出版、二〇一四年）、『複数の言語で生きて死ぬ』（編著、くろしお出版、二〇二二年）。

筑摩選書 0266

世界中《せかいじゅう》で言葉《ことば》のかけらを
日本語《にほんご》教師《きょうし》の旅《たび》と記憶《きおく》

二〇二三年一〇月一五日　初版第一刷発行

著者　山本冴里《やまもとさえり》
発行者　喜入冬子
発行所　株式会社筑摩書房
東京都台東区蔵前二-五-三　郵便番号一一一-八七五五
電話番号　〇三-五六八七-二六〇一（代表）
装幀者　神田昇和
印刷 製本　中央精版印刷株式会社

ISBN978-4-480-01786-4 C0380

筑摩選書
0006

我的日本語
The World in Japanese

リービ英雄

日本語を一行でも書けば、誰もがその歴史を体現する。異言語との往還からみえる日本語の本質とは。日本語を母語とせずに日本語で創作を続ける著者の自伝的日本語論。

筑摩選書
0022

日本語の深層
〈話者のイマ・ココ〉を生きることば

熊倉千之

日本語の助動詞「た」は客観的過去を示さない。文中に遍在する「あり」の分析を通して日本語の発話の「イマ・ココ」性を究明し、西洋語との違いを明らかにする。

筑摩選書
0107

日本語の科学が世界を変える

松尾義之

日本の科学・技術が卓抜した成果を上げている背景には「日本語での科学的思考」が寄与している。科学史の側面と数多の科学者の証言を手がかりに、この命題に迫る。

筑摩選書
0147

日本語と道徳
本心・正直・誠実・智恵はいつ生まれたか

西田知己

かつて「正直者」は善人ではなかった⁉ 「誠実」な人もいなければ、「本心」を隠す人もいなかった⁉ 日本語の変遷を通して、日本的道徳観の本質を探る。

筑摩選書
0166

いにしえの恋歌
和歌と漢詩の世界

彭丹

中国生まれ、日本在住の比較文学研究者が「恋歌」を入口に、和歌と漢詩の豊穣な世界を逍遥し、その違いを考え、古代の日本と中国に生きた人々の心情に迫る。

筑摩選書
0223

ろうと手話
やさしい日本語がひらく未来

吉開章

ろう者の言語である手話は、ろう教育において130年間禁止された。手話を社会に取り戻すろう者たちの運を、日本語教育と「やさしい日本語」の視点

筑摩選書
0006

我的日本語
The World in Japanese

リービ英雄

日本語を一行でも書けば、誰もがその歴史を体現する。異言語との往還からみえる日本語の本質とは。日本語を母語とせずに日本語で創作を続ける著者の自伝的日本語論。

筑摩選書
0022

日本語の深層
〈話者のイマ・ココ〉を生きることば

熊倉千之

日本語の助動詞「た」は客観的過去を示さない。文中に遍在する「あり」の分析を通して日本語の発話の「イマ・ココ」性を究明し、西洋語との違いを明らかにする。

筑摩選書
0107

日本語の科学が世界を変える

松尾義之

日本の科学・技術が卓抜した成果を上げている背景には「日本語での科学的思考」が寄与している。科学史の側面と数多の科学者の証言を手がかりに、この命題に迫る。

筑摩選書
0147

日本語と道徳
本心・正直・誠実・智恵はいつ生まれたか

西田知己

かつて「正直者」は善人ではなかった⁉「誠実」な人もいなければ、「本心」を隠す人もいなかった⁉ 日本語の変遷を通して、日本的道徳観の本質を探る。

筑摩選書
0166

いにしえの恋歌
和歌と漢詩の世界

彭丹

中国生まれ、日本在住の比較文学研究者が「恋歌」を入口に、和歌と漢詩の豊穣な世界を逍遥し、その違いを考え、古代の日本と中国に生きた人々の心情に迫る。

筑摩選書
0223

ろうと手話
やさしい日本語がひらく未来

吉開章

ろう者の言語である手話は、ろう教育において130年間禁止された。手話を社会に取り戻すろう者たちの運動を、日本語教育と「やさしい日本語」の視点から考える。

山本 冴里 やまもと・さえり

山口大学国際総合科学部准教授。日本およびフランスの複数の教育機関を経て現職。早稲田大学で博士号（日本語教育学）取得。日本語・フランス語（・英語・中国語）で研究活動を行っている。専門は日本語教育・複言語教育。とくに興味のある概念は「境界」と「周縁」。著書『戦後の国家と日本語教育』（くろしお出版、二〇一四年）、『複数の言語で生きて死ぬ』（編著、くろしお出版、二〇二二年）。

筑摩選書 0266

世界中《せかいじゅう》で言葉《ことば》のかけらを
日本語《にほんご》教師《きょうし》の旅《たび》と記憶《きおく》

二〇二三年一〇月一五日　初版第一刷発行

著　者　山本冴里《やまもとさえり》
発行者　喜入冬子
発行所　株式会社筑摩書房
東京都台東区蔵前二-五-三　郵便番号　一一一-八七五五
電話番号　〇三-五六八七-二六〇一（代表）

装幀者　神田昇和

印刷 製本　中央精版印刷株式会社

ISBN978-4-480-01786-4　C0380